조선 동아 100년을 말한다

조선 동아 100년을 말한다

: 조선 동아 100년, 최악 보도 100선

초판1쇄 펴낸 날 · 2020년 8월 15일

지은이 · 김동현, 박래부, 박종만, 신홍범, 원희복, 이명재, 이부영,
　　　　　이완기, 조성호, 정철운, 최병선, 한홍구
펴낸이 · 이부영
펴낸곳 · 재단법인 자유언론실천재단
주소 · 서울시 종로구 자하문로5길 37 1층
전화 · (02) 6101-1024 / 팩스 · (02) 6101-1025
홈페이지 · www.kopf.kr

제작 배급 · ㈜디자인커서
출판등록 · 2008년 2월 18일 제300-2015-122호
전화 · 02) 312-9047 / 팩스 · (02) 6101-1025

ISBN 979-11-968105-4-2　03910
책값은 뒤표지에 있습니다.

이 도서의 국립중앙도서관 출판예정도서목록(CIP)은 서지정보유통·지원시스템 홈페이지
(http://seoji.nl.go.kr)와 국가자료종합목록 구축시스템(http://kolis-net.nl.go.kr)에서
이용하실 수 있습니다. (CIP제어번호 : CIP2020032986)

조선 동아 100년,
최악 보도 100선

조선 동아
100년을 말한다

김동현, 박래부, 박종만,
신홍범, 원희복, 이명재,
이부영, 이완기, 조성호,
정철운, 최병선, 한홍구
글

자유언론실천재단

발간사

동아·조선, 우리 공동체의 공생(共生)을 위해 사죄하라

자유언론실천재단이 조선·동아 창간 100년을 맞아 내놓는 〈조선 동아 100년을 말한다〉는 한국 언론이 스스로를 가다듬는 계기가 될 것으로 기대한다.

거리로 내쫓긴 동아일보와 조선일보의 '자유언론 기자'들이 동아자유언론수호투쟁위원회와 조선자유언론수호투쟁위원회를 발족한 지도 올해로 45년째다.

저들의 창간 100년, 우리의 발족 45년이라면 이제는 그 자체로 하나의 역사다. 동아·조선은 그들의 1975년 대량해직 폭거에 아직 아무런 사과를 내놓지 않고 있다. 하물며 그들의 친일 반민족 독재부역에 대해서야 두말할 나위도 없다.

우리는 그들이 모든 것을 잘못했다고 주장하지는 않는다. 그래도 우리 민족이, 시민이 외세의 압제로 수난을 겪고 있을 때 일제의 주구 노릇을 했던 역사와, 군사독재가 기승을 부릴 때 독재자에게 찬양과 아부를 일삼은 행적에 대해서는 반드시 사죄해야 한다.

그렇지 않고서는 우리 사회를 대표하는 언론으로 감히 행세해서는 안 될 것이다.

우리는 우리의 지난 45년을 자랑하려 하지 않는다. 다만 우리의 조그만 희생으로써 저들이 새로이 탄생하길 기대할 뿐이다. 그러는 것이 그들도, 우리도 우리 공동체 모두에게 공헌하는 일이 될 것이기 때문이다.

그들의 오늘의 모습은 우리 모두에게 재앙이 되고 있다. 그것은 저주이고 분열이다. 그들의 독기, 이기주의가 우리를 병들고 피폐하게 만들고 있다. 이제 결단할 때다.

그들을 일깨워내지 못한 우리 자신의 게으름을 스스로 질책하고 저들도 우리 공동체에 기여하도록 이끌기 위해 조선·동아의 지난 100년간의 거짓과 배신의 역사에 대한 고발장이며 안내서인 이 조그만 책자를 낸다.

2020년 8월 15일, 광복 75주년을 맞으며

자유언론실천재단 이사장 **이부영**

친일적폐의 상징,
'조선·동아 오욕의 100년'
반성과 성찰 있어야

한국사회 모순의 핵심은 '친일 미청산'이다. 해방 이후 지난 75년간 우리 사회 갈등의 근본 원인은 친일 미청산에 있다. 친일 미청산은 한국사회의 기저질환이다.

친일청산 없이는 국민통합이 불가능하다. 친일반민족 기득권세력을 그대로 받들고 국민통합을 하자는 것은, 일제강점기에 내선일체를 하자는 주장과 진배없다.

친일에 뿌리를 두고 분단에 기생하여 존재하는 기득권세력. 이들은 스스로를 '보수'라고 칭한다. 이들이 지켜온 것이 '지킬만한 가치가 있는 것'을 지켜왔는가? 일제를 지키기 위해 동족을 괴롭히더니, 해방 후에는 친일반민족 권력의 독재를 지키기 위해 민초들을 억압해온 자들이 어떻게 '보수'일 수 있는가.

한국사회의 갈등구조는 보수와 진보의 구도가 아니다. 민족과 반민족의 구도다.

적폐청산의 핵심인 친일청산, 그 친일청산에 가장 격렬하게 저항하는 조선·동아는 우리 민족공동체의 주적이다. 촛불혁명으로 깨어난 시민들의 역량을 결집하여, 이들을 척결하는 것이 우리 시대의 과제다.

광복회장 **김원웅**

차례

제1부   조선 동아 거짓과 배신의 100년 최악 보도 100선

제1장   조선·동아일보 친일 반민족 보도 : 일제 강점기

제2장 민족분열과 분단 조장 : 해방, 미 군정기~한국전쟁기

제6장   '우리가 남이가' : 김영삼 시대

제7장   개혁 정부 죽이기 : 김대중·노무현 시대

제8장 　　　　　　　　　　　　　　　　　　　과거로 회귀 : 이명박·박근혜 시대

제9장 　　　　　　　　　　　　　　　　　　　계속되는 패악보도 : 문재인 시대

제2부 　조선일보 100년, 100개의 장면

조선 동아 100년을 말한다

서
문

조선·동아 창간 100년, 그들의 시대는 가고 있다

한홍구 성공회대, 반헌법행위자열전편찬위원회

　　2020년은 한국언론의 역사에서 특별한 해임에 분명하다. 2019년 3·1운동 100년, 대한민국 100년에 이어 2020년에는 조선일보와 동아일보가 각각 100년을 맞이한다. 우여곡절이 있긴 했지만 두 신문 모두 3·1운동의 직접적인 결과물로 탄생한 것인데, 그 100년을 맞는 오늘 주변에서 축하하는 사람은 찾아 볼 수 없는 것은 어인 일일까? 나를 포함하여 내 주변의 사람들이 편협하고 삐뚤어져서일까, 아니면 조선일보와 동아일보가 100년간 쌓은 죄업이 하늘을 찌르기 때문일까? 이제 3·1운동 무렵만큼이나 모든 것이 정신없이 변화하는 또 다른 100년을 시작하면서, 우리는 조선일보와 동아일보의 역사를 간략하게나마 되짚어 볼 필요가 있다.

조선일보와 동아일보의 창간

　지금의 평가와는 달리 100년 전 때는 3·1운동이 실패한 운동이었다. 수천 명이 목숨을 잃었지만 조선은 독립을 쟁취하지 못했다. 달라진 것이라고는 교사들까지 칼을 차던 무단통치가 문화통치로 이름을 바꾸며 칼을 풀어놓았다는 것과 총독부 기관지 매일신보 하나뿐이던 조선의 신문이 조선일보와 동아일보가 창간되면서 셋으로 늘어났다는 점뿐이었다. 누구도 예상하지 못했던 3·1운동이라는 대폭발에 놀란 일제는 압력밥솥의 김구멍 마냥 폭발을 방지하기 위해 미리미리 조선 사람들의 불만과 분노를 조절할 장치를 마련하고자 한 것이다. 일제는 조선어신문 두 개를 만들면서 동아일보는 민족주의자들에게 조선일보는 친일파들의 모임인 대정실업친목회 측에 발간 허가를 내주었다. 민족주의자들이 만드는 동아일보가 총독부를 비판하더라도 매일신보와 조선일보라는 친일지 두 개로 여론을 주도해나갈 수 있다는 계산에서였다. 그러나 대중들은 후발 친일지를 용납하지 않아 조선일보는 운영난에 빠졌다가 결국 진보적 민족주의자들의 기관지로 거듭나게 되었다.

　지금은 조선일보와 동아일보가 지탄의 대상이 되었지만, 1920년대 중반 두 신문은 우리 민족에게 너무나 소중한 존재였음을 부인할 수 없다. 한국의 근대 문화예술, 학술, 정치 분야에서 두각을 나타낸 사람들은 거의 대부분 양대 신문의 기자였다고 해도 과언이 아니었다. 일제강점기 청년들에게는 관계로 진출하는 길이 거의 막혀 있었고, 그렇다고 기업이나 대학의 문이 열려 있었던 것도 아니었기에 신문사로 인재들이 몰려들 수밖에 없었다. 당시 조선일보나 동아일보의 사장이나 편집국 장의 위상은 지금과 비할 수 없이 높았었고 사회적인 존경을 받는 자리 였다. 한편 독립운동에서도 언론인들의 역할은 두드러졌다. 1920년대 중후반 식민지 조선을 뒤흔든 조선공산당 사건의 주역들 역시 거의 대부분 기자였다. 조선일보는 민족주의 좌파를 대변했고, 동아일보는 민족주의 우파를 대변하면서 두 신문은 한동안 민족진영의 좌우 두 날개 역할을 하기도 했다.

기대를 저버린 친일

　3·1운동의 직접적 산물로 태어난 두 신문은 1930년대로 접어들면서 민족의 기대를 저버리고 친일의 길로 들어서기 시작했다. 1920년대부터 일제와 타협적인 태도를 보여온 동아일보는 1931년 일제의 만주침략 이후 일본제국주의와 경제적으로 사실상 공동운명체가 되어버렸다. 만주 침략이 김성수 소유의 경성방직에 새로운 시장을 열어주었기 때문이다. 민족주의 좌파인사들이 발간하던 조선일보는 심각한 경영난 끝에 금광왕 방응모가 판권을 인수하면서 그 성격이 크게 변하였다. 당시는 지역 대립의 기본 축이 지금과 같은 영호남의 갈등이 아닌 기호와 서북의 갈등이었는데, 조선일보는 진보적 민족주의의 기관지에서 서북세력의 기관지로 전락한 것이다.

　지금은 한국언론사에서 잊힌 존재가 되었지만 일제강점기 민족 진영의 한글 신문은 조선일보와 동아일보 말고도 하나가 더 있었다. 시대일보, 중외일보, 중앙일보, 조선중앙일보로 성격과 제호와 운영주체가 계속 바뀌어왔지만, 1933년 이후 여운형 선생의 사장 취임 이후 조선중앙일보는 논조가 현격히 퇴색한 조선일보, 동아일보와는 달리 민족적 입장을 고수하였다. 현재의 조선일보나 중앙일보와는 아무 상관없는 조선중앙일보는 1936년 손기정 선수의 베를린 올림픽 마라톤 우승 당시 일장기 말소 사건과 관련하여 사라지게 되었다. 이 사건 직전 조선중앙일보의 발행 부수는 동아일보를 근소하게 제친 바 있다. 일장기 말소 사건의 최대 수혜자는 조선일보였다. 시장을 3분할하고 있던 상황에서 경쟁지였던 조선중앙일보와 동아일보가 한꺼번에 발간되지 않는 사이, 조선일보는 구독자를 크게 늘릴 수 있었다.

동아일보의 무기정간이 풀려 신문이 다시 발간된 것은 거의 10개월 뒤인 1937년 6월 3일이었다. 그 다음 날 밤 김일성이 이끄는 항일무장 유격대의 보천보 습격사건이 있었고 동아일보는 두 차례에 걸쳐 호외를 발간하며 이 사건을 대대적으로 보도했다. 1998년 동아일보 방북취재단이 김정일에게 이 호외를 황동판에 새겨 선물했다는 사실은 김일성에게 전국적 지명도를 안겨주는 데에 동아일보의 보도가 큰 역할을 했다는 것을 보여준다. 동아일보와 조선일보의 친일 행각을 비판할 때 일부에서는 이들 신문이 항일투사들을 '비적'이나 '공비'라 부르고, 이들의 일제에 대한 공격을 '살인', '방화', '약탈'이라 비하했다 하지만 이는 좀 과도한 비판이 아닌가 싶다. 일제의 지배체제 하에서 이런 용어의 사용은 사건 자체를 보도하려면 어쩔 수 없는 것이었고, 또 주민들은 이렇게라도 보도되는 항일투사들의 소식에 목말라 하고 있었다. 보천보 사건을 대대적으로 보도한 동아일보의 양일천 특파원(혜산지국장)이 김일성 파의 조직원이었다는 것을 보면 항일세력 역시 공비의 만행이라는 식으로라도 보도되는 것이 대중들의 항일의식을 부추기는 데 유리하다고 판단했다는 것을 알 수 있다.

잘 알려진 바와 같이 동아일보와 조선일보는 1930년대 후반으로 갈수록 노골적으로 친일색채를 드러냈다. 그 점은 여기서 재론할 여지없이 잘못된 것이다. 그런데 동아일보와 조선일보의 친일은 두 신문이 해방 이후 군사독재 정권에 대해 협력한 것과 더욱 심각하게는 민주화 이후 언론이 권력 블럭의 한 기둥이 되면서 자행한, 말로 표현할 수 없는 악행 때문에 더더욱 가혹한 비판을 받게 되었다. 천황의 사진을 1면에 크게 내걸고 온갖 아부를 다한 두 신문의 친일은 분명 잘못된 것이지만, 일제는 그렇게 납작 엎드렸음에도 우리말 신문을 용인하지 않았다.

동아와 조선, 서로 다른 해방과 분단

해방 후 동아일보는 토착 우파세력인 한민당의 기관지 역할을 톡톡히 했다. 1945년 12월 모스크바 3상회의의 결정이 조선에 전해졌을 때, 여러 가지 제약으로 처음에 신탁통치 문제를 중심으로 보도된 것은 어쩔 수 없었다 하더라도, 모스크바 3상회의 결정을 무조건 반대만 할 것은 아니라는 온건하고 합리적인 주장을 펴던 고하 송진우 동아일보 사장이 우익 내부의 갈등으로 흉탄에 쓰러진 이후, 동아일보는 더욱 극단적으로 좌우 대결을 선도해 나갔다. 조선공산당 당수 박헌영이 해방된 조선이 소련 연방의 하나로 가입해야 한다고 말했다는 등 터무니없는 오보를 쏟아낸 것도, 극우테러단체 서북청년단에 사무실을 제공한 것도 동아일보였다.

반면, 해방 후 조선일보는 지금의 광적인 극우선동과는 달리 나름 차분하게 중도우파적인 입장을 견지했다. 1948년 남북협상 당시 동아일보는 '보다 협상이 정체', '기대 난', '민정에 현혹치 말라', '공산파 회담에 불과', '소련의 연막' 등등 부정적인 제목의 기사를 쏟아냈지만, 조선일보는 백범 김구가 '민족 원한의 38선'을 무사히 통과했다며 사진과 함께 크게 실었고, 회담의 경과를 특파원의 현지 보고를 통해 생생하게 전달했다. 1948년 11월 이승만 정권이 국가보안법 제정을 추진할 때는 1면에 '국가보안법을 배격함'이라는 사설을 싣기도 했다. 국가보안법이 없었다면 대한민국도, 한강의 기적도 없었다고 극우 선동을 일삼는 오늘의 조선일보와는 너무 다른 모습이었다.

독자에서 자본으로 : 언론지형의 변화

이승만 정권 시기에는 대구매일 테러 사건이나 경향신문 폐간 사건 등에서 보듯이 언론탄압도 그야말로 벌거벗은 폭력 그 자체였다. 박정희 정권이 들어선 뒤에는 문화방송이나 부산일보의 강탈, 경향신문 강제 매각 등의 사건도 있었지만 탄압의 양상이 훨씬 교묘해진 경우를 볼 수 있다. 1960년대 초반까지만 해도 기업으로서의 신문사의 규모가 그리 크지 않았으며, 언론인들도 지사적인 풍모를 어느 정도 지니고 있었다. 그러나 1960년대 중반 이후 한국경제가 급성장하면서 언론의 지형도 변화하기 시작했다. 1960년대 초반까지만 해도 신문사의 수입에서 무게 중심이 배달과 가판 등 구독료에서 광고로 옮겨가기 시작한 것이다. 이제 신문사, 특히 사주나 경영진은 독자들보다 광고주에게 더 신경을 쓰게 된 것이다. 1964년 언론윤리위원회법 파동을 겪으면서 권력은 언론의 이러한 변화를 날카롭게 포착했다. 이제 언론을 통제하는 가장 효과적인 방법은 기자들을 잡아다 거꾸로 매다는 시끄러운 방식보다 조용히 광고와 자금의 맥을 짚어 '악' 소리도 지르지 못하게 만드는 것이라는 점을 권력이 깨달은 것이다. 언론윤리위원회 파동은 외형상 언론의 승리로 보였지만, 사실은 권력이 언론의 약점을 정확히 파악한 계기였다. 1963년 12월 군사정권이 민정으로 재출발할 당시 박정희는 제3공화국의 첫 국무총리로 15년 간 동아일보 사장을 지낸 최두선을 임명할 만큼 언론의 눈치를 보았다. 그러나 권력과 언론의 관계는 완전히 변화하기 시작했다. 박정희는 한국일보 사주 장기영을 내각의 부총리로 끌어들였고, 조선일보 사주 방일영과는 잦은 술자리 끝에 '밤의 대통령'이라는 희한한 별명을 선사했다.

유신독재가 확립되기 훨씬 이전 한국 언론의 상층부는 이미 권력에 대한 투쟁은 고사하고 비판과 감시도 포기했다. 김중배 선생이 1991년 8월 동아일보 편집국장 직을 내던지면서 "가장 거대한 권력은 정치권력이 아니라 자본권력"이라고 갈파한 바 있지만, 사실 일찍이 1960년대 후반 최석채 같은 사람도 이와 유사한 지적을 한 적이 있다. 과거에는 언론이라는 성에 독재 권력이 공격해올 때 성주와 장수와 병졸이 혼연일체가 되어 성을 지켰지만, 이제 장수와 병졸들 몰래 성주가 성문을 열어주는 상황이 도래했다는 것이다. 주요 신문사 편집국장 자리 옆에는 '신문사 출입기자'라는 별명을 가진 중앙정보부 직원이 상주하다시피 했다. 야당인 신민당에서 기관원이 '상주'하는 한국의 언론 현실을 비판하자 주요 언론사들이 일제히 기관원이 가끔 드나들 뿐 '상주'하는 것은 아니라고 발끈했다. 여관을 자주 가기는 하지만 동거하는 것은 아니라고 강변하는 꼴이었다. 언론인들끼리의 동류의식이 있어 누가 중앙정보부에 붙잡혀 가면 우표딱지 만하게라도 보도도 하는 것이 모든 언론의 관행이었건만, 1967년 〈신동아〉지 필화사건 당시 편집국장과 주간 등 다섯 명이 연행되었는데, 그것을 보도한 신문이 하나도 없는 지경에 이르렀다. 그런 비겁한 스승의 모습에 화들짝 놀라는 진풍경도 벌어졌다. '연탄가스에 중독'된 언론이라는 기막힌 비유는 이런 상황에서 나온 것이다.

1974년 말부터 시작된 동아일보 백지광고 사태와 이에 뒤따른 대규모 강제해직은 한국언론의 마지막 자존심으로 남았던 동아일보마저 무참히 무너졌다는 점에서 지극히 비극적이지만, 또 한편으로는 정론언론을 독자들이 지키기 위해 동아일보에 쏟아진 엄청난 격려광고는 세계 언론의 역사에 새로운 희망을 던지는 계기가 되었다. 이 힘은 13년 뒤 한겨레신문의 창간으로 또 다시 분출되었다.

1980년 전두환의 등장과 언론

1980년 광주학살을 거쳐 전두환이 집권하면서 한국의 언론은 또 한 번 큰 변화를 맞이했다. 1970년대에는 동아일보가 부동의 신두였고, 조선일보는 한참 뒤떨어져 중앙일보, 한국일보와 함께 2위권을 형성했었다. 그랬던 조선일보가 동아일보를 앞지르고 '1등 신문'을 표방하게 된 것이다. 조선일보 동경 특파원으로 일본의 극우세력을 흠모했던 허문도는 세치 혀로 전두환을 사로잡아 '쓰리 허'의 한 명으로 권력 핵심에 진입하면서 조선일보와 신군부의 굳건한 동맹을 구축했다. 전두환이 최규하를 끌어내리고 대통령에 오르기 직전인 1980년 8월 23일자 조선일보 3면의 '인간 전두환' 기사는 한국언론 최고의 아부 기사이자, 부끄러움을 모르는 조선일보조차 창피해서 지면 다시보기 서비스에서 빼버린 문제작으로, 조선일보가 동아일보를 제치고 구역질나는 '1등 신문'에 오르는 변곡점을 상징하는 기사였다. 1975년 대량 해직으로 젊은 인재들을 모두 잘라버린 동아일보는 조·석간 체제의 변화 등과 같은 언론 환경의 변화에 적응하지 못하고, 조선일보에 이어 중앙일보에까지 추월당하는 지경에 이르렀다.

허문도의 역할도 중요하지만, 오늘의 조선일보의 초석을 놓은 자는 단연 선우휘였다. 소설가로서 휴머니스트였고, 조선일보 편집국장 시절 리영희 기자와 함께 반공법 위반으로 구속되기까지 했던 선우휘는 동아일보의 백지광고 사태 당시에는 조선일보의 체면을 위해 후배 기자들에게 무어라도 하라고 부추긴 바 있다. 해직된 후배들의 재판에 불려나온

그는 "들어가야 할 기사가 빠지든 깎이든 기자는 기사만 써내라 이 말인가"라는 변호인의 질문에 "그렇다"라고 명쾌하게 답변했다. 선우휘는 1980년 봄 일본의 극우지인 산케이신문과 인터뷰에서 한국에서의 언론규제는 불가피하다고 권력의 편에 확실히 섰다.

전두환이 집권한 1980년대에 들어 각 언론사 기자들의 월급은 가파르게 인상되었다.

1970년대까지 기자들의 급여가 비현실적으로 낮았던 것을 정상화하는 정도가 아니었다. 학살정권은 언론인 학살을 감행한 뒤 살아남은 자들에게 승진과 고액 연봉의 기회를 제공했고, 권력과 야합하여 재정을 튼튼히 한 신문재벌과 재벌신문은 풍부한 자금력을 바탕으로 상당수의 젊은 기자들까지 매수한 것이다. 이제 주요 언론에서 버스나 연탄과 같이 서민 생활과 밀착된 주제는 사라지기 시작했다.

민주화 이후의 조선일보와 동아일보

많이 망가지긴 했어도 1987년 6월항쟁까지 동아일보와 조선일보는 그래도 언론은 언론이었다고 할 수 있을 것이다. 민주화 이후 조선일보와 동아일보는 그 자체가 권력으로 부상하면서 괴물이 되어 갔다. 민주화는 그동안 한국사회를 지배해 온 군부와 안기부 등 정보기관이 뒤로 물러나고, 그 빈자리를 민간이 메우는 과정이기도 했다. 민주화로 인해 가장 득을 본 것은 최루탄을 마시며 민주화를 외쳤던 민주시민들도, 체포와 고문과 투옥을 무릅쓰고 투쟁한 민주화운동가들도 아니었다. 군부와 정보기관 대신 이 나라의 알짜 권력을 장악한 것은 재벌과 검찰 등 관료집단과 보수언론이었다. 특히 1991년 5월의 '분신 정국' 당시 수구세력이 '유서대필사건'을 조작하여 위기를 돌파할 때 검찰과 조선일보는 새로 얻은 힘을 유감없이 과시했다. 청와대는 여전히 힘을 갖고 있지만, 대통령은 5년짜리 계약직 공무원에 불과했다. '민주화'가 5년 단임과 문민화에 머물러 있는 한, 진짜 권력은 죽을 때까지 손에 쥐고 있다가 자식들에게 물려줄 수 있는 재벌총수와 언론사 사주들 것이었다. 5년 임기의 새 대통령을 뽑기 직전인 1992년 11월, 방일영의 고희연에서 사원 대표인 스포츠조선 신동호가 "낮의 대통령은 그동안 여러분이 계셨지만 밤의 대통령은 오로지 회장님 한분"이라고 선포했다.

1990년 3당합당 보수대연합을 이뤄 자신들의 영구집권을 꾀했던 수구진영의 바람과는 달리, 1997년 외환위기 속에 진행된 대통령선거에서 김대중 후보의 승리로 민주적 정권교체가 이루어졌고, 이어 5년 뒤인 2002년에는 수구세력이 경멸해마지 않던 노무현 후보가 당선되었다. 한국사회는 분명 민주화를 심화시켜 나가고 있었지만, 그럴수록 이른바 조·중·동 특히 조선일보는 사악한 힘을 더더욱 뿜어내었다. 김대중 정부의 정책기획위원장으로 선임된 최장집 교수에 대한 사상검증 끝에 결국 그를 낙마시킨 사건 등을 거치며 시민사회는 이 나라가 조선일보의 나라가 아니라 국민의 나라임을 보여주어야 한다고 자각하기에 이르렀다. 수많은 언론개혁단체가 만들어지고, 시민들의 자발적인 안티조선운동이 벌어진 것은 이 무렵이었다. 김대중 정부나 노무현 정부도

세무조사 등 언론개혁에 나섰지만, 칼만 뽑고 제대로 수술은 하지 못하자 조선일보 등 수구언론의 행패는 갈수록 심해졌고, 적극적인 사실왜곡에 나서기 시작했다. 오죽했으면 노무현 대통령 시절, 대통령이 "짜장면이 맛있어"라고 말하면 다음날 조·중·동이 "노무현, 짬뽕 비하 발언"이라 보도한다는 슬픈 우스개가 퍼졌을까?

이제 조선일보와 동아일보는 창간 100년을 맞아 자신들의 역사를 찬란한 것이었다고 자랑하고 있지만, 처음부터 자기네 역사를 찬양했던 것도 아니다. 일제 강점기를 견뎌낸 사람들이 다 살아 있던 1970년대까지, 동아일보는 1928년까지의 신문만 영인본을 냈을 뿐 그 이후는 영인본을 간행하지 않았다. 친일의 지면을 대중들에게 공개하고 싶지 않았기 때문이다. 조선일보는 더 심각했다. 친일 논란이 심각하게 벌어진 이후, 조선일보는 1920년대를 찬란했던 시기로 내세우며 부끄러운 친일의 역사를 가리려 하지만, 사실 오랫동안 조선일보는 방씨네가 인수하기 이전 1920년대의 조선일보에 대해 무관심했다. 주인이 바뀌지 않았던 동아일보는 1920년대의 신문을 영인하여 간행했지만, 조선일보는 방씨네의 흔적이 묻지 않은 신문의 영인에 무관심했다. 더구나 1920년대의 조선일보 지면은 대단히 진보적이기까지 하지 않았던가? 최근 조선일보는 '조선일보 100년을 만든 33인'을 선정했는데, 100년 중 20년에 불과한 해방 이전에 활동한 인물이 26명이고, 80년을 점하는 해방 후의 시기에서는 방일영·방우영 형제를 포함하여 겨우 7명만을 선정했을 뿐이다. 조선일보의 권력이야 비할 바 없이 커졌지만, 그에 비해 자랑스럽게 내세울 것은 없다는 뜻이다. 조선일보와 동아일보는 원래 3·1운동 피의 산물로 민족 전체의 자산이었건만, 그 의미를 퇴색시킨 것은 김성수나 방응모 시절의 친일 문제만은 아니다. 그 자손들인 사주 일가들이 군사독재 시절, 아니, 오히려 민주화 이후 권력 블럭의 한 축이 된 이후 보인 행각이 과거의 친일문제를 자꾸 소환하는 것이다.

대한민국이 또 다른 100년을 맞이하는 이 순간, 조선일보와 동아일보의 미래는 결코 밝지 않다. 조선일보와 동아일보가 사라져야 할 존재로 지탄을 받기 시작한 것도 족히 20년은 넘었다. 어설픈 세무조사나 우리 안에서만 진행된 안티조선운동은 어쩌면 조선일보를 온갖 항생제에 내성을 가진 슈퍼박테리아로 만들어버렸다. 그런데 지금은 언론 지형이 그 어느 때보다도 급격히 변하고 있다. 조선일보의 영향력은 예전 같지 않다. 한때 노년층을 붙잡아 두던 TV조선도 트로트 열풍을 선도하며 돈이나 벌 뿐, 정치적 영향력 면에서 유튜브에게 자리를 내준지 오래다. 가짜 뉴스 생산의 원조였던 조선일보는 훨씬 독하고 막강한 수구 유튜브를 따라 갈 수 없게 되었다. "진실 따위는 중요하지 않아"가 지배하는 포스트-트루스 시대의 도래는 비단 조선일보나 동아일보 등 수구언론뿐 아니라, 그와 대척점에 선 진보적인 '레거시 미디어'들에게도 엄청난 과제를 던지고 있다.

3·1운동의 피의 산물로, 민족의 자산으로 탄생한 조선일보와 동아일보가 사라져야 할 흉물이 되어 100년을 맞는다. 우리 손으로 치우면 참 좋았으련만, 민주화운동이나 언론개혁운동을 벌여온 우리 세대의 손으로는 치우지 못했다. 오물 자루를 치우려다 터뜨려 악취만 더 퍼지게 한 꼴이다. 그런데 태풍이 온다. "진실 따위는 중요하지 않아"라며 정파적

이익을 대변해 온 조선일보와 동아일보가 힘을 쓰던 시대는 오히려 이 광풍에 쓸려 가버릴 것이다. 그것은 돌이킬 수 없다. 문제는 여전히 진실은 침몰하지 않는다고 믿는 우리가 어떻게 살아남아 진실을 알릴 것인가에 달려 있다.

제 1 부 _____ 조선 동아 거짓과 배신의 100년

최악 보도 100선

해제

_____

원희복 자유언론실천재단 기획편집위원장

조선 동아 100년,
최악보도 100선

: 뿌리 깊은 친일과 독재미화
종북몰이의 결정판

조선 동아 100년을 맞은 올해는 그 어느 때보다 두 언론 오욕의 역사에 관심이 높았다. 언론노조와 민주노총 등 57개 시민·사회단체가 '조선 동아 거짓과 배신의 100년 청산 시민행동'을 결성했다. 당초 이 책은 '조선 동아 거짓과 배신의 100년 청산 시민행동' 활동에 보조 자료로 활용할 수 있게 비매품 소책자 형태로 제작하기로 했다. 이 단체는 1월 15일 동아 조선 사옥 앞에서 기자회견 및 피켓시위를 시작으로 행동을 시작했다. 원래 소책자는 이에 맞춰 내려고 했지만 조금 늦어 2월에 나왔다.

'조선 동아 청산 시민 농성단'이 두 신문사 앞에서 '폐간' 촉구 1인 시위를 벌였고 이는 7월까지 이어지고 있다. '조선일보 폐간운동본부'는 조선일보 안 보기는 물론, 광고주 제품 불매운동까지 벌였다. 미디어오늘은 '조선일보 100년 100개의 장면'이라는 기획기사로, 뉴스타파도 '조선 동아 100년 탐사보도'로 호응했고, 민족문제연구소와 식민지역사박물관은 '조선 동아 100년 기획전'을 가졌다.

자유언론실천재단이 이 자료집 제작을 맡은 것은 2014년 안중근의사기념사업회가 발행한 〈동아일보 대해부(1~5권)〉와 〈조선일보 대해부(1~5권)〉의 필자(김종철, 문영희, 김광원, 강기석)들이 재단 후원회원이기 때문이다. 사실 이 책은 2014년 선배가 이뤄낸 이 방대한 책자에서 선별하고 요약 정리한 작업이라 할 수 있다. 하지만 이 소책자에 대해 각계의 호응이 많아 일반인을 대상으로 한 정식 출판까지 이르게 됐다.

앞서 발간한 〈동아 조선 대해부〉는 1920년 두 신문의 창간에서 시작해 2014년 이명박 정권까지 기록하고 있다. 방대한 이 책을 7명이 시기별로 나누어 주요 사건을 추리고 정리했다. 이부영(전 동아일보), 신홍범(전 조선일보), 김동현(전 동아일보), 박종만(전 동아일보), 최병선(전 조선일보), 박래부(전 한국일보), 조성호(전 한국일보), 이완기(전 MBC), 원희복(경향신문), 이명재(전 동아일보)가 나눠 정리했고, 박강호 자유언론실천재단 상임이사와 이영순 사무국장이 편집해 2월 소책자 형태로 출간했다.

하지만 정리자가 여럿이다 보니 중복된 것도, 또 주요 사건이 빠진 것도 있었다. 따라서 이 책은 중복된 것은 정리하고, 비슷한 것은 한 주제로 모으고, 빠진 것은 보완했다. 특히 자료집은 2014년 세월호 유족 모독과 진실규명 방해까지만 언급돼 있다. 명실상부 동아 조선 100년 정리에 미흡했음을 고백하지 않을 수 없다. 따라서 정식 출판하는 이 책은 동아 조선 왜곡보도 100년에 걸맞게 박근혜 정부와 2020년 문재인 정부 시기의 동아 조선 보도까지 보완했다.

자료집은 18년이나 장기 집권한 박정희 시기가 상대적으로 빈약했다. 따라서 최악 언론 필화인 민족일보 사건을 외면한 행위, 양시양비론으로 일관한 동아 조선의 한일협정 보도, 노동운동사에 획기적 사건인 전태일 분신을 단신처리 한 조선일보, 직선제 개헌 열망을 엎으려 정보기관을 동원해 의도적으로 사건을 키운 유성환 의원 국시파동 등을 추가했다.

박근혜 시기에는 국가정보원을 동원한 댓글 조작에서 시작해 시대착오적인 국정 역사 교과서 도입, 극도의 민주주의 퇴행 상징인 통합진보당 해산, 촛불시위 폄훼 등 동아 조선의 악의적인 왜곡 보도가 많았다. 하지만 100선을 지키다 보니 중요한 몇 건만 선택할 수밖에 없는 아쉬움이 컸다. 그 중 동아 조선의 또 다른 '기형아'인 TV조선과 채널A의 2013년 5·18 광주항쟁에 북한군 개입 보도는 민주화 역사 왜곡과 남북 갈등을 동시에 의도한 대표적 악의적 보도였다. 이는 처음 광주 현장을 보도하지 않은 잘못, 폭동으로 매도한 잘못에 이은 광주시민을 세 번이나 죽인 악의적 보도라 판단했다. 동아 조선은 촛불혁명의 시작인 2015년 민중총궐기 본래 의미를 무시하고 과격 시위로 매도했다. 심지어 물대포에 맞아 숨진 백남기 농민의 죽음을 '빨간 우의' 소행이라는 식으로 거의 소설 수준으로 보도했다.

조선일보는 2020년 100주년 창간 사설에서 "일제 강압과 신문발행 사이에서 고뇌했던 흔적이 오점으로 남아 있다"고 알쏭달쏭한 표현으로 '유감'을 표시했다. 그나마 동아일보는 "조선총독부의 집요한 압박으로 저들의 요구가 반영된 지면이 제작된 것은 100년 동아일보의 아픔"이라며 "정중히 사과 드린다"고 사과했다.

하지만 진정한 사과와 반성은 지면과 영상에 반영되지 않았다. 2020년 조선의 '정의기억연대'(전 한국정신대문제대책협의회) 보도는 뿌리 깊은 친일과 독재 미화, 그리고 종북몰이의 종합판이라고 해도 과언이 아니다. 채널A의 취재 과정에서의 권언유착 문제 역시 동아일보의 오랜 악습의 단면이라 생각한다.

이 책의 자료 사진은 민주언론시민연합이 2020년 제작한 '조선동아 거짓보도 100년 아카이브'를 많이 활용했다. 민언련은 안중근기념사업회가 만든 〈동아 조선 대해부〉와 관련된 당시 보도를 일일이 찾아 촬영하고 디지털화를 하는 수고를 했다. 따라서 이 책은 민언련과의 협업의 결과라 할 수 있다.

이 작업은 우리 근현대사 100년을 정리하는 측면도 있었다. 실제 이 〈조선 동아 최악보도 100선〉은 우리 근현대사 주요 사건 100건이라 할 수 있다. 편집위원들은 처음 분노의 심경으로 이 작업을 시작했다. 하지만 분노심은 점차 탄식을 넘어 슬픔으로, 나아가 의문으로 다가왔다. 그런 보도로 우리 근현대사를 왜곡한 조선 동아가 지금 어떻게 국내 언론의 '대물'로 존재하고 있는가라는 의문이다. 이 책이 그 슬픔과 의문을 푸는 작은 실마리가 됐으면 한다.

제1장

조선 동아일보
친일 반민족 보도

: 일제 강점기

'태생적 친일신문' 조선일보

조선일보는 3·1운동이 일어난 다음 해인 1920년 3월 5일 창간됐다. 3·1운동은 일제의 가혹한 무단통치에 견디다 못한 민중 약 2백만 명이 총궐기한 사건이다. 이에 놀란 일제 총독부는 무단 통치를 더 이상 고집해서 안 되겠다고 판단하기에 이르렀고, 그래서 문화통치로 방침을 바꾸지 않을 수 없었다.

또 중요한 것은 항일무장투쟁을 계승한 비밀결사와 지하신문이 폭발적으로 늘어나 활약하고 있었다는 사실이다. 일제는 한말에 활발하게 애국운동을 벌이던 여러 민간신문을 모두 폐간시켰는데, 3·1운동을 계기로 이런 민간 지하신문들이 폭발적으로 등장해 그 수가 50여 종에 이르렀으며, 나중에는 온 치안력을 동원해도 통제할 수 없을 정도로 전국이 지하신문의 발행지요 배포지대가 됐다.

사정이 이러하자 일제는 저항운동을 회유하여 식민지체제 내로 유도해야 할 필요를 느꼈다. 그래서 내놓은 것이 문화통치요 식민지 동화정책이었다. 심화되는 식민지 수탈로 악화되는 민심을 회유하고 민족해방투쟁의식을 마비시키거나 오도하기 위해, 그리고 자신들의 정책을 선전할 필요를 느껴 조선인 신문을 허가하게 된다.

이런 시대적 배경 아래서 친일 경제단체인 대정실업친목회 주도 아래 예종석, 조진태, 민영기 등 친일행위로 돈을 번 자들이 조선일보를 만들

임정의 친일파 리스트를 기록한
희산 김승학의 육필원고

대한민국임시정부의 국무위원이던 김승학 선생이 백범의 지시로 작성한 친일파 263명 명단에도 방응모 조선일보 사장이 있다. 동아일보 사장 김성수 이름도 볼 수 있다. (사진출처 : 민언련 조선동아거짓보도 100년 아카이브)

고 경영했다. 그러다가 1921년 4월 8일 이완용에 버금가는 친일파 송병준에게 경영권이 넘어갔다. 1924년 9월 13일 민족주의자 신석우가 경영권을 인수한 후 이상재, 안재홍 등을 비롯한 민족주의, 사회주의 계열의 인사들이 경영과 편집을 맡으면서 민족정신을 지키려고 노력한 때도 있었다.

그러나 이들이 물러난 1920년대 후기부터는 일본 제국주의 정책에 협력하기 시작했다. 이 시기의 조선일보는 일제가 제시한 문화주의, 산업주의, 교육진흥, 실력 양성주의 노선을 충실하게 따랐다. 이는 일제가 무장 항일운동 같은 적극적인 독립투쟁을 온건한 타협노선으로 유도하기 위한 것이었는데, 이는 국내의 민족주의자들조차 빠지기 쉬운 함정이기도 했다.

조선일보는 1930년대 초부터 일제의 검열 당국과 '밀월관계'를 계속하면서 점점 더 일제에 협력해 갔는데, 1933년 3월 방응모가 조선일보 경영권을 인수한 후부터는 그 친일 행태가 더욱 노골적인 것으로 되어갔다. 그리고 1937년 중일전쟁이 시작된 후부터는 더욱 열렬하게 일본 제국주의를 지원하여 조선 민중을 침략전쟁에 동원하고 조선의 젊은이들을 죽음의 전쟁터로 내모는 반민족적인 범죄를 저질렀다.

일제의 '문화정치'와 동아의 '문화주의'

1919년 제3대 조선총독으로 취임한 사이토 마코토는 '문화정치'라는 새 간판을 들고 나왔다. 3·1독립운동에서 표출된 우리 민족의 항일의지에 놀란 일제는, 조선 강점 이후 지속해온 무단통치만으로는 더 이상 조선을 효과적으로 지배할 수 없다고 판단, 문화정치라는 유화책을 들고 나온 것이었다. 한마디로 문화정치는 3·1독립운동 이후 한껏 고양된 우리 민족의 독립 의지를 약화시키고, 실력 양성주의라는 체제 내 개량주의로 끌고 가려는 교활한 식민지 통치정책이었다. 일제의 민간신문 발행 허가는 이러한 문화정치의 핵심 사업이었으며, 동아·조선의 창간은 그 문화정치 효과를 극대화하기 위해 만들어낸 조선총독부의 야심작이었다.

창간 초부터 이들 두 신문은, 간혹 총독부의 눈에 거슬리는 기사와 논설을 싣기도 하였으나, 우리 민중의 항일의지를 꺾고 우리 민중을 '생활에 충실'한 소시민으로 안주시키려는 총독부의 '문화정치' 의도를 충실히 대변했다.

특히 동아일보는 '문화주의'를 세 가지 사시 가운데 하나로 내세웠는데, 그 문화주의의 핵심이 "민족적으로 생활 충실을 기도하는 것"이라고 밝혀 동아의 문화주의가 총독부 문화정치의 목표와 다르지 않다는 것을 숨기려 하지 않았다.

'2천만 민중의 표현기관'이라는 거짓말

동아는 창간호에 쓴 '주지를 선명하노라'라는 글에서 "2천만 민중의 표현기관임을 자임"하고 나섰다. 그러나 창간 후 얼마 지나지 않아 동아가 민족지를 표방한 것이 신문의 영향력을 높이려는 상술에 불과하다는 것을 스스로 드러냈다.

동아가 진정으로 민족지를 자임하려면, 무엇보다도 민족의 우수성을 찾아내어 독립정신을 고취하는 일에 앞장서야 할 터였다. 그러나 동아는 그와는 정반대로 우리 민족성을 헐뜯기에 바빴다.

동아는 창간 몇 달 후인 1920년 8월 9일부터 23일까지 '조선인의 단처를 논하야 반성을 촉하노라' 제하의 사설을 7회에 걸쳐 실었다. 동아는 이 사설에서 "이상이 무(無)한 사회는 반드시 망하고 진취가 무한 사

동아일보는 1920년 8월 9일부터 23일까지 '조선인의 단처를 논하여 반성을 촉구하노라'라는 1면 머리 사설을 연재했다. '쇠잔의 조선', '모멸의 조선' 등 표현으로 민족폄훼 논지를 펴 일제의 문화정책에 호응했다. (사진출처 : 민언련 조선동아거짓보도 100년 아카이브)

회는 반드시 쇠하나니 이는 자연의 원칙으로 역사가 증명하는 바"라면서, "우리 민족은 웅장한 기풍도 진취성도 지속성도 없고, 이조 5백년 이래 전제와 압박이 지속된 이외에 하등의 민중적 운동도 계속된 것이 없다"고 개탄했다. 사설은 또 우리 민족이 몹시 게을러 빠졌다고 헐뜯으면서 그 원인이 노동을 천시하고 모험심이 없을 뿐 아니라 안일한 생활에 만족하는 데 있다고 훈계했다. 이 사설은 결국 우리 민족이 이렇게 결점 투성이인 데다 당파싸움에만 몰두했으니 다른 민족의 지배를 받는 것은 당연한 일이라는 일제의 선전을 복창하고 있는 셈이었다.

"일본인은 우리의 친구"라며 총독부 업적 찬양

동아일보는 몇 차례 무기정간 등을 내세워 자사가 일제와 맞서 싸운 '민족언론'이라고 떠벌이면서 민중을 기만하고 있다. 그러나 동아는 첫 번째 무기정간에서 풀려나 속간하자마자 "총독부 당국이 어찌 우리를 박해하는 자며 궤변을 농하는 자이겠느냐"며 "자성에 자성을 가하고자 하노라"고 비굴한 항복 선언을 했다.

동아는 또 속간된 지 보름도 안 돼 게재한 '일본 친구여'라는 연속 사설에서, 우리 민족을 억압하고 수탈하는 일제 식민지배자들을 가리켜 "우리의 적도 아니고 흉악한 자도 아닌 우리의 친구"라고 천명하면서, 그들이 "정에 예민하고 의에 군센 사람들"이라고 칭송했다.

동아일보는 1921년 3월 4일부터 2회에 걸쳐 '일본 친구여'라는 사설을 실었다. 조선 민족성을 폄훼했지만 일본 제국주의자들에게는 찬사와 아첨으로 일관했다. (사진출처 : 민언련 조선동아거짓보도 100년 아카이브)

이 사설은 또 "(재래의 한국)정부가 부패하고 … 법률이 문란하고 재정이 곤핍하여 관직을 매매하고 … 더욱이 자유가 무엇인지는 아직도 못하였다"고 신랄하게 비판하면서, "재래의 한국 정부는 암흑정치요 총독부 정치는 문화정치"라고 평가했다.

총독부는 우리에게 '보기 좋은 푸른 산' '훌륭한 도로' '훌륭한 재판' '훌륭한 행정관' '훌륭한 산업개발' '훌륭한 교육진흥'이라는 선물을 안겨 주었다고 극구 칭찬했다. 다시 말해 일제의 식민지배가 아니었으면 조선은 영원한 미개국으로 남아 있을 뻔했다는 뜻이다.

민족의 독립이 아닌 자치주의 노선 천명

동아일보는 1924년 1월 다섯 차례에 걸쳐 '민족적 경륜'이라는 연속 사설을 실었다. 이 사설은 나라 안팎에서 활동하던 독립운동가들은 물론, 전 조선 사회에 엄청난 파문을 일으켰다. 일제를 부인하는 무장 항일투쟁의 무모함을 지적하면서 일제의 법률이 허용하는 범위 안에서 활동하는 자치주의 노선을 주장하고 나섰기 때문이다.

친일 논객 이광수가 쓴 이 사설은, "조선민족은 지금 정치적 생활이 없다"면서, 그 가장 중요한 원인으로 "참정권, 자치권운동 같은 것은 물론이요 일본 정부를 대수(對手)로 하는 독립운동조차도 원치 않는 강렬한 절개의식"을 꼽았다. 다시 말해서 우리 민족의 투철한 독립정신이 일제의 신민으로 살면서 정치적 생활을 하는 데 방해가 된다는 것이었다. 따라서 "우리는 무슨 방법으로나 조선 내에서 전 민족적인 정치활동을 하도록 신생면(新生面)을 타개할 필요가 있다"고 전제, "우리는 조선 내에서 허하는 범위 내에서 일대 정치적 결사를 조직해야 한다는 것이 우리의 주장이다"라고 역설했다. 그때까지 국내외에서 펼쳐온 '무모한' 항일운동에 근본적 전환이 필요하다는 이야기였다. 이것이 말끝마다 '민족지'를 내세우는 동아일보의 민낯이었다.

일장기 말소 사건의 진상

동아일보는 스스로 민족지임을 자랑할 때마다 항일투쟁의 상징적 사건으로 '일장기 말소 사건'을 내세운다. 그러나 그 진상을 알고 보면 헛웃음만 나온다.

베를린 올림픽 우승자 손기정 선수의 가슴에 붙은 일장기를 말소한 사진은 조선중앙일보가 8월 13일자 4면에 실었고, 동아일보는 이 날짜 본판이 아닌 지방판에 실었다. 그러다 동아일보는 다시 8월 25일자 2면에 이 사진을 게재했다. 일제는 연속 사진이 실리는 것을 문제 삼은 것이다.

그런데 그것은 회사의 결정에 의한 것이 아니라, 이길용 등 세 명의 기자들이 회사 측에 전혀 알리지 않은 채 은밀히 해낸 쾌거였다. 하지만 일제의 비위를 맞추기 위해 온갖 아첨과 굴종을 마다하지 않던 경영진에겐 실로 청천벽력 같은 사건이었다. 사주 김성수는 "몰지각한 행동"이라고 개탄했고, 사장 송진우는 "성냥개비로 고루거각을 태웠다"며 분개했다. 회사는 사장부터 평기자까지 13명을 해고했다.

사건의 진상이 이러함에도 동아는 사사(社史)에서 "민족의 아픈 가슴을 달래기 위하여 민족의 대변지를 자임해온 동아일보가 그냥 무심히 넘길 수 없었던 것은 … 거의 자연발생적인 본보의 체질에서 우러난 것이었다"고 어처구니없는 거짓말을 하고 있다.

2017년 8월 9일자 동아일보 카드뉴스 < [Da card] '손기정 일장기 말살사건' 주인공 이길용 기자> 중
일부 (사진출처: 동아일보 공식 네이버 포스트)

동아는 이 사건으로 정간 처분을 받은 지 279일 만에 정간이 풀리자
사고를 통해 "금후부터 일층 근신하여 대일본 제국의 언론기관으로서
공정한 사명을 다하여 조선 통치의 익찬을 기하려 한다"고 총독부 처분
에 감읍했다. 동아일보에 앞서 일장기말소 사건을 일으킨 여운형의 조
선중앙일보는 폐간됐지만 동아일보는 속간했고 일장기 말소사건은 동
아일보의 전유물이 됐다.

7

독립투사 의거를 '대불경(大不敬)' 사건으로 매도

　1932년 1월 10일 동아일보는 2면 머리에 '대불경(大不敬) 사건 돌발/어로부에 폭탄 투척/폐하께선 무사 어환 행' 제하의 기사를 실었다. 이는 우리 민족의 항일의지를 한껏 드높인 이봉창 의사의 일왕 폭살 기도 사건에 대한 기사였다. 입만 벌리면 조선인을 위한, 조선인이 만드는 민족지라고 떠벌이는 신문이, 일왕을 향해 폭탄을 던진 항일투사의 쾌거를 두고 '대불경' 사건이라고 대서특필한 것이다. 이날 모든 신문이 이 사건을 대서특필했지만 '대불경'이라는 표현을 한 것은 동아일보가 유일했다.

　이 무렵은 한만(韓滿) 국경지방에선 항일무장투쟁이 활발해지고, 국내에선 소작쟁이나 노동쟁의가 빈번하게 일어나던 시기였다. 그러나 동아는 일제의 식민지 정책을 변호하거나 지지하는 기사량은 늘리면서, 이런 사건들에 대해선 아예 보도하지 않거나, 혹시 보도하더라도 비적이나 불령집단의 소행으로 인식되도록 축소 또는 왜곡 보도하기에 바빴다. 특히 한만 국경지방의 항일무장투쟁에 대해서는 독립군을 시가지나 습격하고 인명을 마구 살상하며 돈을 갈취하는 비적집단으로 오해하도록 왜곡 보도하여 독립군과 민간을 이간시키려 애썼다. 이 무렵 동아일보는 이미 한국어를 쓰는 일본제국 신문이 되어 있었다.

大不敬事件突發
御鹵簿에 爆彈投擲
陛下께옵서는 無事御還幸
◇宮相의 馬車에 拇指大의 損傷
犯人은 京城生의 李奉昌

【東京發至急報】 九日에 發電

自動車隊落
六名이 死傷

동아일보는 1932년 1월 10일자 2면 머리에 '대불경 사건 돌발, 어로부에 폭탄 투척'이라는 제목으로 이봉창의 의거를 대불경사건으로 보도했다. (사진출처 : 민언련 조선동아 거짓보도 100년 아카이브)

"총후 후원에 성의 다하라" 강요

1937년 7월 중일전쟁이 발발했다. 이 전쟁은 명백히 중국에 대한 일제의 침략전쟁이었다. 그럼에도 동아일보는 중국을 일방적으로 비방하면서, 일제의 승리를 위해 조선 민족도 제국 신민으로서 임무와 성의를 다해야 한다고 역설했다.

동아는 '거국 일치의 요(要)'라는 제목의 8월 20일자 사설에서 "지나 측의 태도를 정관컨대 일종의 자아 과신에 빠져 외교 교섭의 여지를 전연 버리고 정면충돌도 불사한다는 태도를 취하고 있다"고 중국을 비난한 뒤, "그러므로 우리의 긴장은 경(更) 일층 내구성을 보지(保持)할 각오로써 당국의 지도에 협조하고 총후 후원에 성의를 다하여 거국일치의 실적을 유루 없이 내지 않으면 아니 될 것이다"라고 일제에 적극 협력할 것을 강요했다.

동아는 또 '남(미나미 지로) 총독의 유고'라는 제목의 사설에서 "천황 폐하께서는 칙어를 사(賜)하옵시었다. … 삼가히 배(拜)하옵건대 칙어에는 … 성려(聖慮)는 시국에 감(鑑)하여 제국의회의 화충협찬을 명하옵시고 제국 신민의 충성협화를 교(敎)하시었나니 신민 된 자 어찌 성려에 응복하여 비상시국을 극복함에 혼신의 노력을 다하지 않으리오"라고 일왕에 더할 수 없는 극존칭을 써가며 조선인들에게 일제에 순응하라고 압박했다. 이것이 1930년대 동아일보의 추악한 진짜 얼굴이었다.

제호만 가려놓으면 '총독부 기관지' 동아

중일전쟁이 확대되면서 동아의 지면은 점차 '총후의 국민적 행사' 등을 게재하는 데 송두리째 할애됐다. '국위선양 무운장구 기원제' '애국절' '보국일' '국민정신 작흥기간' 등등 총후 후원을 위한 각종 행사가 있을 때마다 '민족지 동아'는 기사로 사설로 열렬한 지지를 보냈다.

"이 중대 시국에 처하여 70만의 부민이 일심으로 제국의 선양, 무운장구를 신명에 기원하는 것은 국가를 위하여 없지 못할 충성의 표현이다."(1939. 9. 4. 사설)

"애국일을 당하여 전 조선적으로 팽배하는 애국의 지정(至情)을 축복하는 동시에 다시금 시국 재인식의 기회를 삼아 경(更)일층 격앙발분하지 않으면 아니 될 것이다."(1937. 9. 7. 사설)

"지나사변이 일어나자 황군은 남북전선에서 지나 응징의 실력을 충분히 발휘하고 있으며, 국민은 총후에서 국운신장의 노력에 만전을 기하고 있음은 무엇을 의미하는가 … 그러나 이로써 어찌 만족할 바리요 … 혹은 반성하고 혹은 각오를 새롭게 하여 써 국민정신 총동원의 실효를 발휘할 것은 물론이고 …"(1937. 11. 7. 사설)

신문 제호만 가려놓으면 어느 것이 '민족지'이고 어느 것이 총독부 기관지인지 구별할 수 없을 뿐 아니라, 경우에 따라서 동아일보가 오히려 한 발 앞서 나가는 때조차 있었다.

'천황'을 신처럼 떠받들며 온갖 아첨

1938년 새해 첫날 동아일보는 1면 머리에 '천황' 부처의 사진을 대문짝만하게 실었다. 그리고 '천황'이 대원수로서 장병들 걱정 때문에 무더위를 피하는 일조차 삼가고 언제나 군복을 입고 지낸다는 자못 '감격적'인 기사를 실었다. 새해 첫날의 이런 지면은 동아가 강제 폐간된 1940년까지 해마다 되풀이 했다. 그뿐 아니라 동아는 일본의 건국기념일인 기원절, '천황'의 생일인 천장절, 명치절 등 일본의 명절 때마다 요란스럽게 축하 기사와 사설을 싣고, "황은(皇恩)의 광대심후함"에 감격하면서 '천황'과 그 조상들을 노골적으로 신격화했다.

"금일은 천장의 가절이다. 천황 폐하께옵서 38회의 어탄신일을 맞이하옵시는 날이니… 황공하옵께도 군·정의 어친재(御親裁)에 신금(宸襟 : 임금의 마음)을 번거롭게 하옵시고 전선의 장병의 노고를 휼(恤)하옵시는 성은에 공구감읍하는 바이다."(1939. 4. 29. 사설 '봉축천장가절')

"신무 천황의 어창업을 추봉(追奉)하며… 국체의 존엄, 이상, 일본문화, 내선일체의 정신 발양에 노력하고 현하 당면하고 있는 동아 신질서 건설에 매진할 국민의 각오를 공고히 하고자…"(1939. 2. 11. '기원절 봉축특집' 사설)

이때가 언제인가. 대한민국 임시정부가 중일전쟁을 민족독립의 절호의 기회로 보고 광복군을 편성, 중국의 항일군과 연대하여 무장투쟁을

1938년 1월 1일자 동아일보. '천황'과 '황후'의 사진을 큼지막하게 싣고 '대원수 폐하 어일상 어홍업 완성에 숙야어정려'라는 제목을 달았다. (사진출처 : 민언련 조선동아거짓보도 100년 아카이브)

벌이기 시작한 때 아닌가. 그런데 2천만 민중의 표현기관임을 자임하던 동아일보는 내선일체를 다짐하고 제국신민으로서 총후 후원을 아끼지 말자고 소리 높이 외쳤다. 동아는 당시의 상황에선 어쩔 수 없는 일제의 강요 때문이었다고 구차한 변명을 할지 모르지만, 민족언론이라면 의당 보여줬어야 할 저항다운 저항의 흔적을 어디에서도 찾아볼 수 없다는 점에서 그런 변명은 헛소리로밖에 들리지 않는다.

일제의 지원병제도와 황국신민화 교육

1938년 4월 3일 동아일보는 '양 제도 실시 축하'라는 제목의 사설을 실었다. '양 제도'란 '육군 지원병 제도'와 '조선교육령'을 지칭하는 것인데, 동아는 이 사설에서 두 제도가 조선 민중에 내려진 축복인 듯이 미화했다.

"지원병 제도의 실시는 조선 민중에게는 병역의무를 부담시키는 제1보이다. 종래에는 조선 민중에게 병역의 의무를 부담시키는 것을 주저하여 왔다. 그러하였으나 지나사변을 계기로 조선 민중의 총후 활동은 열성을 다한 바 있어 … 남 총독의 영단은 역대 총독이 상상도 하지 않던 병역의무를 조선민중에게 부담시키는 제1보를 답출케 된 것이다. …

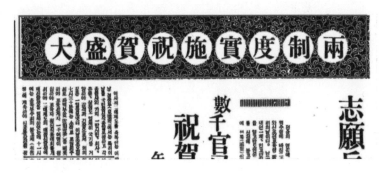

1938년 4월 3일자 동아일보는 '양 제도 실시 축하'라는 제목의 사설을 통해 육군 지원병 제도와 조선 교육령을 조선민중에게 내려진 '축복'이라고 미화했다. (사진출처 : 민언련 조선동아거짓보도 100년 아카이브)

또한 교육령 개정은 남 총독의 5대 정강 중의 국체명징, 교학쇄신의 구체화로서 조선 교육사상 획기적인 것이다. … 이에 국체명징, 내선일체, 인고단련을 3대 안목으로 하여 조선교육령을 개정하여 …"

지원병제도는 일제가 조선의 젊은이들을 총알받이로 내세우기 위해 병역의무의 예비적 조치로 만든 제도였으며, 교육령 개정은 조선인으로 하여금 '대일본제국'의 신민임을 명확히 깨닫고 일제가 '대동아공영권'을 이루는 데 적극 참여케 하려는 데 목적이 있었음은 두말할 필요도 없다. 그럼에도 동아일보는 그것이 무슨 특혜라도 되는 양 두 제도를 쌍수를 들어 환영했다.

12

전쟁 물자 수급 위한 절약과 저축 강요

"… 동아 평화를 확립하려는 성전(聖戰)은 그 목표를 향하여 착착 그 공과를 수(收)하고 있나니 어찌 장병의 존중한 희생에 감사하지 않을 수 있으며 총후 국민의 열렬한 후원이 빛난다 하지 않을 수 있으리오 … 그런데 국민의 긴장된 심리는 다소 이완해진 감이 없지 않다. 그것은 황군이 이른 곳에 적이 없다는 세로 전필승(全必勝)하니 사변은 벌써 절정에 달하였다고 봄으로써이다. … 천장절을 중심으로 1주일을 총후보국 강조주간으로 정하고 국민에게 시국을 재인식시킴으로써 경일층 총후 긴장을 환기시키는 동시에 국민에게 향하여 절약 저축을 강조함은 의의가 있는 것이다."(1938. 4. 26. 사설)

동아일보는 일제의 침략전쟁이 '동아 평화를 확립하려는 성전'이라는 일제의 선전을 그대로 되풀이하여 읊으면서, 장병들의 희생과 총후의 후원을 치하했다. 동아는 여기서 그치지 않고 그러잖아도 전쟁이 장기화하면서 통제경제가 강화되고 물자 수급이 원활하지 못해 고난 받고 있는 동포들을 향해 "국민의 긴장된 심리는 다소 이완해진 감이 없지 않다"고 채찍질 하면서 절약과 저축에 힘쓰라고 윽박질렀다.

동아일보는 또 일제가 전시 예산 확보를 위해 마구 발행한 공채를 소화할 수 있도록 돕기 위해 온갖 기만적 언술로 민중들을 설득하고, 침략전쟁의 총후보국에 최선을 다하라고 다그쳤다.

'성전' 기념일마다 감격, 또 감격

1938년 7월 7일은 중일전쟁 발발 1주년이 되는 날이었다. 이날 동아일보는 '성전 1주년 기념의 성대한 행사/호국영령을 조위/물심 국민정신 총동원' 제목의 기사를 대서특필했다.

"총후 국민은 이 제일 전선의 용사들의 간고를 생각하고 그들의 무운 장구를 빌며 호국의 영령들의 혼을 위령하며 전시태세에 당연한 국민의 긴장을 철저케 하는 모든 기념의 행사가 국내외의 방방곡곡에 감격에 넘치며 눈물에 어리어 거행된다."

침략전쟁을 일으킨 일제의 죄악에 대해선 철저하게 눈을 감은 채, 그 기념행사가 "눈물에 어리어 거행된다"고 감격스러워 하는 것이었다. 그뿐 아니라 동아는 그 전쟁이 일지 양국의 복지를 증진하기 위한 것이라고 말도 안 되는 기만적 사설을 쓰기도 했다.

"제국의 장(蔣)정권에 향하여 간과(干戈)를 움직이게 된 근본 목적은 극동의 질서와 평화를 수립함에 있는 것이다. 다시 말하면 동양문화를 수호하고 지나의 산업경제를 개발하여 일지 양국민의 복지를 증진함은 이념하는 바이다."(1938. 7. 7. 사설)

동아일보는 또 중일전쟁이 중국의 도전적 태도 때문에 부득이하게 벌어진 전쟁인 양 왜곡하면서 극동 평화를 위한 '성전'으로 미화하는 데 주저함이 없었다.

김성수의 친일행각

동아일보 사장 김성수의 친일 행적은 동아일보 친일 보도의 한 뿌리이자 지금까지 동아일보의 친일 청산을 가로막는 큰 장애물이다. 김성수의 친일행위는 1937년 7월 중일전쟁 직후 본격 시작됐다. 그는 이른바 '시국 강연' 연사로 일제의 전시 동원 정책에 적극 협력했다. 1937년 9월 경성시(京城市)의 라디오 강연에 나서서 일제의 전시 동원에 협조했으며, 또한 강원도 춘천까지 '순회강연 행각'을 벌이기도 했다.

1938년 7월 국민정신총동원조선연맹 발기 당시에는 발기인 및 이사로 참여했으며, 1939년 7월에는 전시 체제하에서 당시 일본에 있던 조선인의 치안대책을 강구하며, 황국신민화를 도모하기 위해 일본 내에서 협화회(協和會)의 '재경성 유지간담회'에 참석해 발언하기도 했다.

또 국민정신총동원조선연맹 후신으로 1940년 10월에 조직된 국민총력조선연맹 이사로 참여했고, 1943년에는 이 단체의 총무위원이 되어 활동했다. 이 국민총력조선연맹은 그야말로 조선인을 총체적으로 전시체제에 동원하고, 억압하기 위해 조직되었던 '총력조직'이었다. 1941년에는 조선인 스스로 일제의 전쟁동원에 협력하기 위해 단체를 조직하기도 했는데 홍아보국단(興亞報國團)과 임전보국단(臨戰報國團)의 준비위원과 감사로 참여해 활동했다.

김성수는 특히 1943년부터 징병제와 학병제 실시에 맞춰 더욱 노골적인 친일행각을 보였다. 김성수는 보성전문학교 교장 자격으로 1943년 8월 5일 징병제를 찬양하는 장문의 논설을 총독부 기관지인 매일신보에 기고해 징병제와 학병제 찬양을 시작했다.

"문약(文弱)의 기질을 버리고 상무(尙武)의 정신을 찬양하라"는 이 논설은 징병제는 조선반도 청년의 영예이며, 조선인의 단점인 문약과 단결하지 못함을 치료할 양약이니 어찌 감격하지 않을 수 있으며, 이를 이용하여 힘써 노력하여 위대한 황국신민이 돼야 할 것이라고 조선 청년들을 '성전'에 참여토록 했다.

같은 해 10월 학병을 권유하는 담화를 발표한 후에, 11월 7일자 매일신보에는 '학도여 성전(聖戰)에 나서라'라는 조선 내 지식인들의 학병 권유논설 가운데 세 번째로 '대의에 죽을 때, 황민됨의 책무는 크다'라는 제목의 논설을 게재했다.

11월 8일에는 학도 출진 장행의 밤이라는 행사를 열어 "반도 청년에게 순국의 실이 열렸는데도 불구하고 왜 학도 전원이 용감하게 지원하지 않는가"라는 요지의 격려사를 했다.

그러나 이 같은 김성수의 친일 죄과는 8·15 해방 후 1948년에 반민족 행위자 처벌법에 제대로 단죄되지 않았다. 그가 주요 정당인 한국민주당을 이끌고 있어서 면죄부를 받을 수 있던 것이다.

김성수의 친일 행적에 대한 심판은 결국 2000년대 들어와서야 뒤늦게 이뤄지고 있다. 2009년 친일반민족행위진상규명위원회가 "적극적인 친일 활동을 펼친 사실이 드러났다"며 친일반민족행위자로 지정해 서훈을 박탈한 20명에 포함돼 대법원의 확정 판결로 1962년 서훈됐던 건국훈장이 취소됐다. 아울러 '친일인명사전'에도 이름을 올렸다. 그러나 동아일보는 아직도 김성수의 친일행위를 전혀 인정하지 않고 있다.

조선일보의 일본 왕실에 대한 찬양과 아부

조선일보는 일본 제국주의와 군국주의 최정점이자 상징인 일본 국왕과 왕실을 찬양 미화하고 일제의 시책에 적극 협력함으로써 고난 속에서도 독립을 염원했던 우리 민족과 국민을 크게 배신했다. 일본을 대표하는 일본 국왕과 왕실에 대한 노골적인 찬양과 아부는 일제에 대한 소극적인 복종을 넘어 적극 충성을 보여주는 것으로 우리 민족이 결정적인 위기를 맞았을 때 조선일보가 어떻게 우리 민족에 반역했는가를 증거하는 것이다.

■ 일본 왕실을 찬양하고 아부한 조선일보 '황태자 전하의 어탄생'

조선일보는 방응모가 경영권을 인수 후(1933년 3월)인 1933년 12월 24일에 이미 노골적으로 일본 왕실을 찬양하고 아부하는 '황태자 전하의 어탄생(御誕生)'이라는 사설을 실었다. 이 사설에서 조선일보는 "12월 23일 6시 39분에 만세일계(萬世一系)의 황위를 계승 하옵실 황태자 전하께옵서 탄생하시었다. 어모자 두 분 다 건전하시다니 황실을 비롯하여 내외가 다 축하의 건성(虔誠)을 아뢰옵고 있다"고 황태자의 탄생을 '봉축'했다. 그리고 "일본은 다른 나라와 달라서 건국 이래로 황실은 곧 일본 전 민족의 대종가라는 신념이 있고, 더욱 명치 천황폐하의 어우(御宇)에 이르러 일본이 일약 하야 세계의 대국이 되매 일본국민의 황실을 존숭하

1933년 12월 24일자 조선일보 사설 '황태자 전하의 탄생'. 조선일보는 방응모가 경영권을 인수한 직후부터 노골적으로 일본 왕실을 찬양하는 기사를 잇따라 게재하기 시작했다. (사진출처 : 민언련 조선동아거짓보도 100년 아카이브)

는 정은 더욱 깊어졌고 근년에 이르러서는 황실 중심의 국민주의가 최고조에 달하였음을 본다. 일본국민에 있어서는 황실은 영국 기타의 황실과 달라서 혈통적 친근성과 종교적 존엄을 가지신다"라고 하면서 일본 왕실을 '일본민족의 대종가'라고 찬양했다. 여기서 말하는 황태자는 2019년 퇴위한 일왕 아키히토(明仁)이다.

■ 해마다 1월 1일 일왕부처 사진 크게 싣고 일본 왕실에 충성맹세

조선일보는 1938년부터 1940년 폐간되기까지 해마다 새해가 시작되는 1월 1일 1면 상단에 국화문양을 곁들인 일왕 부처 사진을 크게 싣고 일본 왕실을 찬양하고 충성을 맹세했다.

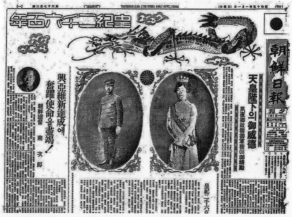

일제가 중일전쟁을 발발한 1937년부터 조선일보의 일본 왕실에 대한 찬양이 극심해졌는데 그 일면에 가장 잘 드러난 예가 매년 1월 1일 조선일보가 1면 상단에 게재한 일왕 부부 사진 및 찬양 기사와 사설이다. 사실상 일본 왕실에 충성을 맹세하는 수준이다. (사진 위) 1939년 1월 1일 조선일보 석간 1면 '천황폐하(天皇陛下)의 어위덕(御威德)'이란 제목과 함께 국화 문양이 곁들인 일왕 부처의 사진을 게재했다. (사진출처 : 민언련 조선동아거짓보도 100년 아카이브)

(사진 아래) 1940년 1월 1일 조선일보 조간 1면에 역시 '천황폐하(天皇陛下)의 어위덕(御威德)' 제목에 일왕의 사진 및 제호 위에 게재된 일장기 모습. (사진출처 : 위키백과)

1938년 1월 1일엔 1면 머리에 '천황폐하의 어성덕(御聖德)'이란 제목을 달고 그 옆에 일왕 부부의 사진을 크게 싣고는 일본 왕실을 찬양하는 기사를 실었다. 1940년 1월 1일에도 조간 1면 머리에 '천황폐하의 어위덕(御威德)'이란 제목을 달아 일왕부처의 사진을 크게 싣는 한편 조선일보 제호 위에 일장기를 얹어놓아 일본 총독부 기관지나 다름없음을 보여주었다. 그보다 앞서 1937년 11월 3일 이른바 '명치절'에는 축하행사 소개와 함께 일본왕실에 충성을 맹세하는 강령인 '황국신민서사(皇國臣民序詞)'를 일본어로 싣기도 했다.

■ 해마다 일왕 생일을 축하한 '봉축천장가절(奉祝天長佳節)'

조선일보는 1937년부터 일왕 생일 4월 29일이 되면 '봉축 천장가절'이라 하여 이를 대대적으로 축하했다. 특히 1939년 4월 29일엔 '봉축 천장절'이란 제목의 사설을 싣고 '극충극성(克忠克誠)'을 다짐했다. "… 춘풍이 태탕하고 만화가 방창한 이 시절에 다시 한 번 천장가절을 맞이함은 억조신서(億兆臣庶)가 경축에 불감(不堪)할 바이다. 성상 폐하께옵서는 옥체가 유강하시다니 실로 성황성공(誠惶誠恐) 동경동하(同慶同賀)할 바이다. 일년 일도 이 반가운 날을 맞이할 때마다 우리는 홍원한 은(恩)과 광대한 인(仁)에 새로운 감격과 경행이 깊어짐을 깨달을 수 가 있다. 뿐만 아니라 적성봉공 충과 의를 다 하야 일념보국의 확고한 결심을 금할 수 없는 것이다…"라며 일왕 히로히토(裕仁)의 생일을 축하했다. 조선일보는 이 사설에서 '황공'이란 말도 모자라 '성황성공'이라 했으며 '경하'란 말도 부족해 '동경동하'라는 표현을 썼고, '충성'을 '극충극성(克忠克誠)'이라 하고 일왕을 '지존(至尊)'이라고까지 찬양하고 일념 보국할 것을 다짐했다. 조선일보는 또한 폐간 4개월 전인 1940년 4월 30일에도 일왕의 39회 생일을 맞아 "… 신자(臣子)의 충심으로 흥아성업도 황위 하에 일단은 진척을 보아 선린의 새 지나 정부가 환도의 경축을 하는 이때에 이 아름다운 탄신을 맞이한 것은 더욱 광휘 있고 경축에 불감할 바이다"라고 찬양하면서 그때까지 신민(臣民)이라 표현했던 조선민중을 '신자(臣子)'라 표현해 졸지에 일왕의 자식으로 바꾸어 놓았다.

■ 일본의 건국 기념일을 대대적으로 축하한 조선일보

기원절(紀元節)은 일본의 초대 신무왕(神武王)이 즉위한 날로 일본이 건국일로 기념하는 날인데, 조선일보는 해마다 이를 크게 기렸다. 조선일보는 1939년 2월 11일자 1면 맨 꼭대기에 사설 '기원절'을 싣고 "무릇 일본 정신은 저 물질 중심의 자본주의, 개인주의와도 다르고, 전체가 있은 후 개체가 있다는 파시즘과 다르다. 일본 정신은 일본 독특한 국민성, 국민 기질에 의한 것으로서 타의 모방 우(又)는 추월(追越)을 불허하는 바이니 내선일체(內鮮一體), 일만지(日滿支) 협조 등은 다 서양류의 식민지 사상과 다르다. 학제개혁과 지원병제도의 실시는 그 현현(顯現)의 일례라 할 것이다"라며 일왕 숭배 중심의 일본 제국주의와 군국주의가 다른 나라의 것보다 우월하다고 칭송했다. 그리고 조선의 젊은이들을 일제 침략전쟁의 총알받이로 내모는 지원병제도를 찬양했다.

조선일보는 1940년 2월 11일자 조간에서도 1면에 '봉축 황기이천육백년 기원절(奉祝 皇紀二千六百年 紀元節)'이란 제목의 사설을 싣고 "양춘이 내복하고 만상이 활발하여 서기가 팔방에 충만한 이날에 황기 이천 육백년의 기원절을 맞는 것은 대화 민족 전체의 감격과 녹행이 무상한 바"라고 주장했다. 그리고 "때마침 지나 사건으로 인한 홍아의 성업이 달성되려는 도중에서 이날을 맞는 것은 신무천황께옵서 망국 홍유로 승시하옵신 육합일도, 팔굉일우의 대이상이 동아천지에 완전 실현할 촌보전사"라 극찬하는 사설을 썼다.

윤봉길 의사의 의거를 '흉행(兇行)'이라고 보도한 조선일보

조선일보는 1932년 5월 8일자 2면에 윤봉길 의사의 상해 폭탄 투척 사건(1932년 4월 29일)을 특집으로 다루면서 이렇게 보도했다.

"(상해발 전통) 범인 윤봉길의 자백에 의하면 직접 '흉행(兇行)'을 명령한 것은 조선 ○○당부의 이춘산(李春山)인 것이 판명되어 당국은 전기 이춘산을 체포하려고 노력 중인데, 이춘산은 소비에트 로서아의 명령에 따라 하르빈에서 적화(赤化)운동을 하고 있는 사람이다. 최근 그곳에 들어오면서 ○○정부 일파의 조선인을 조종하여 당지에 파견되어 있는 로서아의 모 유력대표자(로서아인)와 연락하여 적색 테러계획을 진행시켜 윤봉길로 하여금 이런 흉행을 하게 한 것이다. 이로써 이 사건 배후에는 적로(赤露)의 손이 간접적으로 움직이고 있었다는 것이 밝혀졌다."

조선일보는 윤봉길 의사의 의거가 소비에트 러시아의 명령에 따라 적화운동을 하는 이춘산의 명령에 따라 행해진 것으로 그 배후에 소비에트 러시아의 손이 있었다고 거짓을 보도하면서 윤 의사의 의거를 '흉행'(흉악한 행동)으로 표현했다. 조선일보는 이런 기사를 보도하고 이후 이를 정정하거나 사과한 일이 없다.

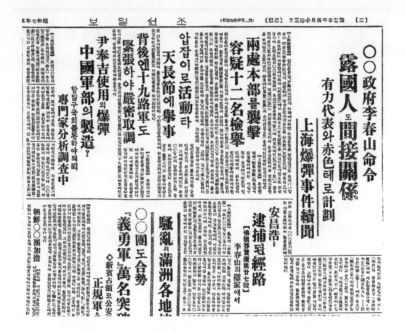

조선일보는 1932년 5월 8일자 2면에 윤봉길 의사의 상해 폭탄투척사건 특집으로 '○○정부 이춘산 명령, 노국인도 간접명령-상해 폭탄사건 속문(續聞)', '앞잡이로 활동하다 천장절(天長節)에 거사' 등의 제목으로 다뤘다. (사진출처 : 조선뉴스라이브러리100)

17

독립운동가 처벌하는 일제의 법 옹호한 조선일보

조선일보는 독립운동가를 처벌하는 치안유지법을 옹호했다. 조선일보는 1934년 2월 3일자 조간 사설 '치안유지법 개정안에서'에서 "… (치안유지법 개정안이) 국체의 존엄성을 밝히는 의미로 … 국체 변혁범에 대하여는 현행법에 비하여 가일층 엄벌주의를 채용했다"고 법 개정을 옹호했다. 치안유지법 개정안은 조선인의 독립운동을 처벌하는 데 주 목적을 둔 법으로, '국체변혁'이란 바로 조선이 일본 제국의 일부임을 부정하고 조선의 독립을 주장하는 행위를 말한다. 조선일보는 이미 일본제국의 조선합병을 인정한 신문이었다.

또 조선일보는 일제가 항일독립운동을 말살하기 위해 만든 대표적인 식민지 악법의 하나로 수많은 민족해방운동 투사들을 투옥하고 고문하며 사망에 이르게 한 '조선사상범 보호관찰령'을 적극 옹호했다.

조선일보는 1936년 12월 13일 사설을 통해 "… 조선사상범 보호관찰령은 사회개조를 목적으로 한 사상범을 대상으로 하는 법령인 만큼 사회적 의의가 크다 할 것이다 … 운용을 잘못하면 점차 몰락의 길을 걸어가는 사상운동에 도발적 반동 기운을 조장할 수도 있다는 점을 충분히 인식할 필요가 있으리라고 사유한다 …"라고 이 법령의 사회적 의미를 높이 평가했다.

18 일제의 침략전쟁 찬양, 조선 민중의 전쟁 동원에
최악 보도 앞장선 조선일보

조선일보는 일제가 1937년 7월 중일전쟁을 일으켜 중국대륙을 침략하자 일본군을 '아군(我軍)' 또는 '황군(皇軍)'이라 표현하면서, 침략전쟁을 수행하기 위해 조선을 후방 병참기지로, 조선 민중을 일제 침략전쟁의 지원자로 만드는 보도와 사설을 실어 우리 민중의 삶을 파멸에 이르게 하고 우리 젊은이를 전쟁터로 내몰아 죽게 하는 민족반역 범죄를 저질렀다.

■ '총후의 임무'−조선민중은 '조선군사후원연맹'으로
침략전쟁 후원해야 한다고 주장

조선일보는 1937년 8월 2일 '총후의 임무−조선군사후원연맹이 목적'이라는 제목의 사설을 1면 맨 꼭대기에 싣고 민중이 일제 침략전쟁을 후원해야 한다고 주장했다. 이 사설은 "제국 신민으로서 응분의 의무와 성의를 다하고자 시국 대책을 강구 실시하고 있는 중 조선군사후원연맹은 그 가장 중요한 것의 하나"라면서 "황군의 사기를 고무 격려하는 것이 이 후원연맹의 중요임무"라고 주장했다. 그리고 "요는 국민 각 개인은 각자 힘자라는 데까지를 목표로 하고 응분의 성의를 다하는데 있을 것이다. 이는 있는 이는 있는 이대로 기만 원을 내는 것도 총후의 임무요, 출정 장병을 향하여 위로 고무의 격려의 편지 한 장 보내는 것도

일제가 1937년 7월 중일전쟁으로 중국 대륙을 침략하자, 조선일보는 1937년 8월 2일자 사설 '총후의 임무-조선군사후원연맹이 목적'에서 일본군을 '아군' 또는 '황군'으로 표현하고 침략 전쟁에 조선 민중이 적극 협력해야 한다고 보도했다. (출처 : 민언련 조선동아거짓보도 100년 아카이브)

총후의 임무일 것이다"라며 조선 민중이 일제 침략전쟁의 후원에 나서야 한다고 촉구했다. 그리고 조선일보 사원들이 국방헌금과 군대위문금을 솔선해 헌금하고 모금에 나섰다.

■ 조선을 병영과 같은 전체주의 체제로 재편하자 주장

조선일보는 1938년 1월 1일 조간에 '조선 사명 중대/각오를 새롭게 하라'는 제목 아래 조선 총독 미나미 지로(南次郞)의 연두사를 싣고, 신년호 기이(其二)에서는 '전시체제 하의 정치, 군사, 행정… 전쟁의 목적은 승리! 승리엔 무엇이 필요? 국가 총동원적 총후의 진영'이란 제목의 기사를 실었다. 이 신문은 "전시체제의 편성이란 … 국민이 갖고 있는 모든 에너지를 가장 유효하게 발동할 수 있도록 편성한다는 말"이라면서 "…

일반 민중은 전시 체제하의 정치적 군사적 행정적 동향을 정확히 인식하고 차에 수응할 준비와 각오가 있어야 할 것이다"라고 일제가 전쟁 수행을 위해 전 사회를 병영과도 같은 전체주의 체제로 재편하는 것을 합리화했다.

■ 조선 '지원병제도 실시'를 적극 지지하면서 감격

조선일보는 1938년 1월 18일자 조간 1면 머리에 '조선에 지원병제도 실시/획기적 중대 사실'이란 제목의 사설을 싣고, 지원병제도를 내선일체(內鮮一體)가 실현된 것으로 환영하면서 이를 영광이라고 했다. 조선일보는 이렇게 썼다.

"15일 육군성 발표에 의하면 조선인에게도 금년 4월부터 지원병제도를 실행할 터인데 우선 4백 명 정도를 보병에 한하여 연령 15세 이상 심신 건전한 자를 선발하여 6개월간 훈련하여 배속시키기로 한다는 바 재영(在營) 기간은 2년이라 한다. 병역제도는 일본 내지와 화태(樺太)에 본적을 둔 사람에게만 한하던 것인데 이제 조선인에게도 지원병제도를 실시한다는 것은 획기적 중대 사실로 내선일체의 일(一) 현현(顯現)이라 볼 수 있다.

무릇 국민에게는 납세, 교육, 병역 3종의 의무가 있는데 종래 조선인에게는 납세의 의무만 있었고 교육 병역의 의무는 없었다 … 듣건대 … 초등교육 10개년 계획을 5개년으로 단축하고 이후 8년을 기하여 의무교육 실시의 기초를 삼는다 하니 금차 발표된 지원병제도와 아울러 조선인도 점차 3대 의무를 다하게 될 터이다."

1938년 1월 18일자 조선일보. 지원병 제도 실시 발표가 '조선인들에게 막대한 반향을 일으켜 지원자가 속출'하고 있다고 썼다. (사진출: 뉴스타파 '조동(朝東)100년 두 신문이야기 ④ '어떻게 18살 소년을 전쟁터로 내몰았나' 2020년 03월 11일 방송 화면)

요컨대 조선인 지원병제도가 내선일체를 실현한 것이라 칭송하면서, 일제가 벌인 침략전쟁에 조선의 젊은이들이 총알받이로 나가게 된 것을 영광으로 받아들인다는 것이었다.

■ 지원병제도 실시에 "누가 감격치 아니하며 감사치 아니하랴"

조선일보는 1938년 6월 15일자 조간 1면 머리에 사설 '지원병훈련소 개소식에 제(際)하여'를 싣고 "황국에 갈충진성"하면서 "신민의 의무 다하자"고 외쳤다.

조선일보는 이 사설에서 "조선통치사상에 한 '에포크 메이킹'이요 미나미 총독의 일대 영단 정책하에 조선에 육군특별지원병제도가 실시되게 된다는 데 대하여 이미 본란에 누차 우리의 찬의를 표한 바 있다"고 말하고, "요컨대 금번 지원병 제도의 실시는 … 반도 민중의 애국 열성을 보아서 내선일체의 대정신으로 종래 조선 민중이 국민으로서의 의무를 다하지 못하고 있던 병역의무의 제1단계를 실현케 하는 것이다. 황국신민 된 사람으로 그 누가 감격치 아니하며 그 누가 감사치 아니하랴"고 썼다. 그리고 "장래 국가의 간성으로 황국에 대하여 갈충진성(竭忠盡誠)을 하지 아니하면 안 된다. 그리하여서 국방상 완전히 신민의 의무를 다하여야 할 것이다"라고 결론지었다. 당시 우리 젊은이들을 '일제의 총알받이'로 내보내는 지원병제도를 반대하다가 투옥된 인사가 40여 명이나 되었는데도 조선일보는 이 사실을 한 줄도 보도하지 않고 일제에 충성을 다해야 한다고 외쳤다.

강제 폐간이 아닌 일본 국책에 '순응'한 폐간

1940년 1월 1일 조선일보는 '일왕 히로히토' 부부에 대한 기사를 화려하게 실었다. '황기 2600년'이라는 컷 옆에는 일장기를 배치하고 사진 아래에는 상자기사를 실었다. 욱광, 서기, 만세일계, 보조유영, 국초익견, 윤문윤무, 팔굉일우, 억조일심 등의 표현으로 히로히토를 찬양하며 '대일본제국의 웅대한 포부와 단합'을 상징하는 단어들을 모조리 동원한 헌사(獻辭)를 바쳤다. 그러나 이런 헌사에도 불구하고 그로부터 일곱 달 뒤 1940년 8월 10일 조선일보는 폐간됐다.

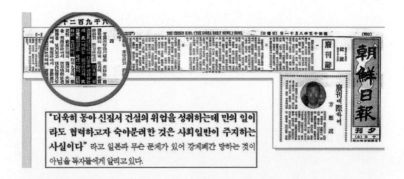

조선일보 1940년 8월 11일자 1면에 실린 폐간사. 일제는 태평양 전쟁에 돌입하던 1938년 조선에 대한 총체적인 탄압, 보도 통제, 자원 동원을 위해 신문 통폐합을 단행했다. 조선일보와 동아일보도 그 대상이 됐다. 조선일보는 일제 탄압에 강제 폐간된 것으로 주장하지만 당시 상황과 조선일보 보도는 다른 사실을 말한다. (사진출처 : 조선뉴스 라이브러리100)

조선일보는 1940년 8월 11일 1면 머리에 사설로 일본의 국책에 순응하여 신문을 폐간한다는 '폐간사'를 실었다. 그 사설의 일부는 이렇다.

"… 지나사변 발발 이래 본보는 보도 보국의 사명과 임무에 충실하려고 노력하였고 더욱이 동아신질서 건설의 위업을 성취하는 데 만의 일이라도 협력하고자 숙야분려(夙夜奮勵)한 것은 사회일반이 주지하는 사실이다. 작년 9월에 발발한 구주 대전과 독이의 대승을 계기로 하여서 신체제가 건설되려고 하는 이때에 신문 통제가 국책으로 수행되는 이상 우리는 이에 순응하는 이외에 다른 사정(私情)을 운위할 바가 아니다. 본보의 폐간도 이 점에 근거가 있다."

요컨대 조선일보의 폐간 이유는 '신문통제'라는 '국책에 순응'해서라는 것이었다. 총독부에 저항하거나 항의하는 말은 한 마디도 찾아볼 수 없었다.

어린이들 상대로도 친일 반민족 조장

조선일보사는 소년조선일보를 통해서도 나이 어린 조선 어린이들에게 일본 제국주의에 대해 충성을 요구하는 보도를 내보냈다.

■ 어린이들에게도 일본 왕실을 찬양하고 침략을 미화하는 보도

조선일보사는 1940년 1월 7일 소년조선일보 2면에 실린 '황기 이천육백 년에 전국적으로 기념행사'라는 제목의 이런 기사를 썼다.

"여러분도 학교에서나 혹은 책에서 배워 알지마는 신무천황은 천조대신의 어손자 되시는 경정지존의 증손되시는 어룬이옵니다 … 그런데 금년은 특히 황기 이천육백년을 위하야 전국민적으로 굉장한 행사가 있기로 되었습니다. 지나사변 제 사년을 마지하여 동아의 신질서를 건설하려는 이때, 금년이야말로 가장 의미 깊은 새해라고 하겠습니다."

■ 일본어를 '국어'로 공부하도록 조장

조선일보는 내선일체(內鮮一體) 기치 아래 일본어 상용화를 강요한 조선총독부의 방침에 호응하여 소년조선일보 고정코너인 '학습페이지'란에 일본어 학습란을 만들고 조선 어린이들에게 일본어를 '국어'로 공부하도록 권고했다. (실린 지면은 소년조선일보 1939년 1월 29일자 3면, 2월 12일자

3면, 3월 12일자 3면, 4월 23일자 3면, 4월 30일자 3면, 5월 28일자 3면, 11월 5일자 3

면, 1940년 1월 7일자 3면, 1월 14일자 3면, 1월 21일자 3면, 2월 4일자 3면, 2월 11일자

3면 등)

조선, 폐간 뒤에도 월간지 '조광(朝光)'통해 친일 반민족행위 계속

조선일보는 1940년 8월 10일 폐간된 이후에도 자신이 1935년 창간하고 분사(分社)한 월간지 '조광(朝光)'을 통해 친일 반민족 행위를 계속했다. '조광'은 조선일보가 폐간되기 전인 1940년 3월호에서도 권두언 '일본제국과 천황에게-성은 속에 만복적 희열을 느끼며'를 통해 일본 천황과 일제에 충성을 맹세하는 보도를 하고, 1940년 7월호에서는 "만세일계의 황통을 이으옵신 세계 무비의 깨끗하옵신 역사를 가진 우리 일본 황실의 번영이 이처럼 날로 점앙하는 것은 위로 성명(聖明)하옵신 천황 폐하를 모시옵고 아래로 국민이 일치단결 국운의 번영을 꾀한 때문일 것"이라고 보도했다.

'경술국치'를 "양국의 행복과 동양의 평화를 위한 것"이라는 '조광' 사설

조광은 1940년 10월호에서 일제의 조선 병탄(경술국치) 30년을 이렇게 미화, 옹호했다.

"… 회고하건대 지금부터 만 30년 전 전 동아의 정국은 난마와 같이 흩어져 구한국의 운명이 위급존망의 추(秋)에 당하였던 명치 43년 8월 22일 일한 양국은 드디어 양국의 행복과 동양 영원의 평화를 위하여 양국 병합의 조약을 체결하고 그달 29일부터 이것을 공표 실시하였다 … 데라우치(寺內) 총독은 조선 통치의 대본(大本)을 정하여 창업의 토대를 쌓은 위대한 공적을 남겼거니와 현 미나미 총독에 이르기까지 만 30년간 … 오늘날과 같은 문화 조선 건설을 결실시켰다."

■ 조선일보 사주 방응모가 직접 쓴 '동아신질서' 옹호

방응모는 1940년 11월 조광 제6권 11호에 '사장 방응모'라고 명기한 권두언에서 "… 지나에서 사변이 발발한 이래 우리는 시국 인식 철저화에도 미력을 다하여 왔습니다 … 국민된 자로서는 누구나 실로 최후의 각오를 하지 않으면 안 될 때를 당하였습니다. 안으로는 신체제의 확립, 밖으로는 혁신 외교정책을 강행하여 하루바삐 동양 신질서 건설을 완성시켜 세계의 신질서를 건설하고 한 걸음 나아가서 세계영구평화를 기도하지 않으면 안 되게 되었습니다. 국민은 모름지기 이 선에 따라 행동하고 생활하지 않으면 안 됩니다"라면서 이른바 침략전쟁에 의한 '동양신질서' 건설을 계속 옹호했다.

■ "미국 태평양 함대 박멸 소식에 감격"

방응모는 조광 1942년 2월호에 '대동아전쟁과 우리의 결의'라는 제목 아래 '타도 동양의 원구자(怨仇者)라는 글을 자신의 이름으로 실었다. '원구자'는 '원수'라는 뜻이다. 그는 "… 이미 선전포고가 내렸고 그 서전(緒戰)에 있어 그들이 항상 자랑하던 미국 태평양함대가 황군의 기습작전 일격 아래 박멸되었다는 보도를 보고 그 순간 나는 실로 한없이 감격하는 동시에 통쾌하다는 느낌을 금할 수 없었다"고 썼다.

태평양함대 기습작전이란 일본의 진주만 공격을 말한다. 또 이 잡지는 사설에서 "내 손으로 지은 쌀을 내 마음대로 소비하고 처분할 수 있는 것이 구체제라면 내 손으로 지은 쌀, 내 자본으로 만든 물건을 모두 들어 나라에 바치고 그 처분을 바라는 것이 신체제요, 총력운동이요, 또 신절을 다하는 소이이기도 하다 …"라고 주장했다.

■ "미영 격멸로 성전 완수에 매진"

조광은 진주만 공격 1주년을 맞아 1942년 12월호에 '12월 8일과 우리의 각오'라는 글을 싣고 "작년 12월 8일 미영 격멸의 대조(大詔)를 봉배(奉拜)한 지 1년, 1억 국민은 황군의 혁혁한 전과에 감격하여 일로 성전 완수에 매진하게 되었다"면서 "반도는 불원에 징병제가 실시되어 장병들은 모두 영예의 군문으로 가겠지만 다수한 총후의 인(人)은 생산전에서 제일선과 똑같은 전쟁을 하여야 한다"고 모든 국민이 전쟁을 수행해야 한다고 썼다.

■ "해군 지원병제도는 반도 동포의 광영"

조광은 1943년 6월호 '해군지원병제 실시와 반도 청년의 영예'에서 "… 대(對) 미영전쟁이 진행하는 가운데 태평양을 중심으로 치열한 결전이 계속되는 중에 반도에 해군지원병제가 실시된 것은 그 의의가 중대한 바이다 … 이제 반도인도 황국 해군의 일원으로 동아 10억 인을 대표하여 태평양의 수호자가 된다는 것은 저대(著大)한 감격에 잠기는 바이다"라고 썼다. 조선의 청년들이 강제로 전쟁에 끌려가게 되자 온 나라 안의 기차역에서는 '무운 장구'라고 쓴 어깨띠를 걸어주며 부모형제들이 눈물을 쏟아 이를 보는 이들의 마음을 아프게 했는데, 이 기사와 너무 대조적이다.

■ '국어(일본어) 해독률 높이는 일대운동 전개해야'

조광은 1944년 8월호에서 "조선의 일본어 해독률 36%는 대만의 일본어 해독자 6할에 비하면 훨씬 뒤떨어진 것"이라 개탄하고, "일본정신 체득을 위해서 국어(일본어)가 각 가정에까지 침투되도록 전 사회적으로 일대 운동을 전개해야 한다"고 주장했다.

23

최악 보도

친일 반민족 단체 가입 및 각종 친일동원행사 주최

■ 국민정신총동원 조선일보사 연맹을 결성

조선일보는 '국민정신총동원 조선연맹'(정동연맹)이 결성될 때 사장 방응모 등이 발기인 및 역원(임원)으로 참여하는 한편, 조선일보 자체도 1939년 2월 11일 '국민정신총동원 조선일보사 연맹'을 조직하여 '정동연맹'에 가입했다. 조선일보는 1939년 4월 1일자 사보에서 "본사에서는 이월 삼십일의 기원가절(일본 건국기념일)을 기해 오전 10시 본사 대강당에서 기원절 축하식에 뒤이어 국민정신총동원 조선일보사 연맹의 결성식을 거행했다. 전원 2백 칠십일 명을 십사 반으로 편성하고 각 반에는 반장을 두었는데 동일 오후 2시 본사 주최 각 반장은 조선 신궁에 참배하였다"라고 보도했다.

■ 친일 동원행사 여러 번 주최

조선일보는 일본 제국주의 정책에 협력하기 위해 조선 민중을 침략전쟁에 내모는 각종 친일 동원행사를 여러 번 주최했다. 조선일보는 1939년 3월 9일 소위 일본 '육군기념일'(3월 10일)을 맞아 용산에 주둔한 일본군 병영을 방문하는 견학단을 모집하고 남녀 각 100명을 방문케 했다. 이는 조선 젊은이를 침략전쟁에 동원하기 위해서였다. 조선일보는 1940년 5월 28일에도 '해군기념일'을 맞아 인천항에 입항한 해군 군함 견학단을 모집했다. 이 모임에도 남녀 각 100명이 참가했다.

친일 반민족 보도를 자화자찬한 조선일보

　조선일보는 1939년 4월 1일자 사보 제9호 3면에 '본사의 빛나는 신년호 … 각 지 신년호 비판회 개최'라는 기사를 싣고, "금년 신년호는 본보가 타지에 비하여 현저히 우수했다는 결론을 얻었다"고 평가했다. 그이유로 조선일보는 "신년호 전체의 목표가 확연하여 모든 문제가 언제나 방금 목전에 절박된 현실인 제국의 대륙정책을 중심으로 하였고, 내용에 있어서도 비교적 정선된 느낌이 있었다"고 자평했다.

　신문 1면에 일왕 부처의 사진을 크게 싣고 일제의 침략전쟁에 적극 협력할 것을 주장한 내용으로 일관한 것인데, 이런 기사로 도배한 신년호가 동아일보는 물론 총독부 기관지 경성일보, 매일신보와 비교해 우수하다고 자평한 것이다.

조선일보 사장 방응모의 친일행위

방응모는 조선일보가 폐간되기 5개월 전인 1940년 3월 월간지 조광 발행인으로 취임했다. 〈친일인명사전〉에는 그의 행적이 아래와 같이 기록돼 있다.

"… 1940년 10월에는 '국체의 본의에 기초하여 내선일체의 실(實)을 거두고 각각 그 직역에서 멸사봉공의 성(誠)을 바치며 협심육력으로 국방 국가체제의 완성, 동아 신질서의 건설에 매진'할 것을 목적으로 하는 국민총력조선연맹의 참사로 선출되었다. 1941년 1월 조선일보사의 사명을 동방흥업(東方興業)주식회사로 변경하고 사장에 취임했다. 1941년 8월 '물질·노무·공출의 철저, 국민생활의 최저표준으로 인하, 전시봉공(戰時奉公)의 의용'을 표방한 임전대책협의회(임전대책협력회로 개칭)가 결성될 때 참여했다. 이어 9월에 일제의 전쟁비용조달을 목적으로 임전대책협력회가 1원짜리 애국채권을 판매하기 위해 조직한 채권가두유격대에 종로대 일원으로 참여했다. 같은 달 조선인을 전쟁에 최대한 협력하기 위해 흥아보국단과 임전대책협력회를 통합하여 조선임전보국단을 결성할 때 경성지역 발기인으로 참여하고 10월에 이사로 선출되었다. 1944년 9월 군수산업체인 조선항공공업주식회사 설립에 발기인으로 참여하고 감사역을 맡았다."(인명편 2, 174쪽)

한편 일제하 민족언론사론(최민지 지음)은 방응모에 대해 이렇게 썼다.

방응모 전 조선일보 사장

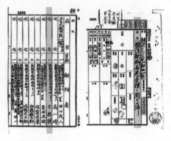

일제에 기관총 등 무기를 헌납한 이들의 명단이 실린 문서. 방응모 전 <조선일보> 사장의 이름(오른쪽에서 다섯째 줄)을 찾을 수 있다.

조선신궁봉찬회 발기인 명단. 방응모 <조선일보> 전 사장의 이름이 있다.

방응모 전 조선일보 사장이 일제에 헌납한 것과 같은 기종인 '3년식 기관총'

1932년 조선일보를 인수해 사장이 된 방응모, 현 방 씨 일가의 모태가 된 그의 친일 행적은 공식적 문건으로 확인된다. '국방헌납 병기 수령에 관한 건'이라는 일본 육군성 정무차관실 문서(1933년 4월 15일자) 등 일제에 기관총과 같은 무기를 헌납한 이들의 명단에 방응모 전 조선일보 사장의 이름이 기재돼 있다. (사진출처: 민언련 조선동아거짓보도 100년 아카이브)

"… 일제의 한국병합을 행복과 동양 평화를 위한 조치로서 평가한 다음, 우리 국민을 체포, 구속, 고문, 학살하던 저 무시무시한 살인적인 무단통치의 장본인 사내(寺內) 총독을 위대한 창업주로 찬양하며, 일제 30년 동안을 문화건설의 시기로 미화하였다. 계속해서 국민에게 허리띠를 졸라매는 내핍과 1억 신민의 각오 충성을 강요했는데, … 이렇게 방응모는 잡지 조광을 통해 친일매국 언론을 펼치는가 하면 1943년 11월 14일에는 조선문인보국회 산하 10개 잡지의 하나로서 '출진 학도 격려대회'를 주최하였으며, 자신의 재력을 출자하여 군사령관에게 고사포를 증정하고 비행기 제조 전쟁 조력회사였던 조선항공공업회사의 중역이 되기도 하였다."(349~350쪽)

조선일보와 동아일보의 일제하 '사업경쟁'
이전투구

조선일보와 동아일보는 일제하에서 증면(增面)과 문화사업을 경쟁적으로 벌이다 방응모가 조선일보를 인수한 뒤부터는 치열한 '相爭'(상쟁)에 들어갔다. 그것은 이전투구나 다름없는 싸움이었다.

"… 동아와 조선의 끝없는 경쟁, 김성수와 방응모의 경쟁, 전라도와 평안도의 경쟁으로 이어지는 이 접전은 민족에 봉사하는 신문, 조국 해방을 앞당기는 데 기여하는 신문을 만들기 위한 경쟁이 아니라 한말의 대지주 출신으로 중앙학교, 보성전문, 해동은행, 경성방직 등 일련의 기관을 거느린 대동아 건설의 김성수, 김연수 형제의 재벌과 1930년대의 총독부의 산금(產金)정책과 산업경제 개발정책에 발맞추어 금광과 수원의 퇴지 개간으로 일약 백만장자가 되었고 1936년에 보성고보 경영권을 인수한 방응모 재벌의 매스컴을 업은 사업경쟁의 양상이었다.

'광태난무(狂態亂舞)' 등의 용어까지 써 가며 상호비방 또는 공격을 했다. 일제 식민체제가 굳어지면서 국내외적으로 민중 차원의 독립운동이 활발하게 전개되던 시기, 두 신문은 민족의 독립에는 관심이 없고 오직 밥그릇 싸움에 몰두했던 것이다.

만해 모독한 조선일보

만해 한용운을 기리는 강원도 인제군 백담사 입구 만해마을의 만해 문학박물관에는 조선일보와 만해와의 깊은 인연을 소개하고 있다. 만해는 물론이고 단재 신채호 선생 등 일제하의 문인 투사들이 조선일보에 한때 글을 올렸던 것을 내세워 조선일보를 '독립투쟁의 근거지'였다고 버젓이 소개하고 있다. 한때 조선일보에 몸을 담아 항일 문필 활동을 펼치던 이들이 다 쫓겨나고 방응모 일가의 사유물이 돼 버린 뒤 이들 항일활동을 했던 인사들이 친일 찬양에 나선 역사는 찾아볼 수가 없다.

이는 명백한 허위 선전이다. 3·1운동 민족대표 33인의 한 사람으로 끝까지 일제에 협력을 거부한 만해 한용운의 이름을 딴 만해축전의 주최자가 조선일보라는 것부터 만해를 모독하는 일이고 일제하 독립운동가와 지사들의 정신을 모독하는 것이다. 조선일보의 친일은 결코 과거가 아닌 현재의 일이며 나아가 미래의 일이라는 것을 보여주는 생생한 현장이다.

제2장

민족분열과
분단 조장

: 해방, 미 군정기~한국전쟁기

동아일보 복간, 친일부역 사죄는 없었다 …
친일 덮기 위해 반공 앞세워 한민당 창당

동아일보는 1940년 8월 11일 일제 전시체제에 따라 폐간된 지 5년 4개월만인 1945년 12월 1일자로 복간호를 냈다. 11월 23일 복간한 조선일보보다 8일 늦었다. 동아일보는 12월 12일자 중간사(重刊辭)에서 1920년 창간 당시의 3대 사시인 (1)민족의 표현기관 (2)민족주의 (3)문화주의를 그대로 이어간다는 것을 제외하고는 일제 치하에서 친일, 황군찬양, 독립운동 비하-비난 등 부끄러운 과거에는 반성 한마디 없이 침묵했다.

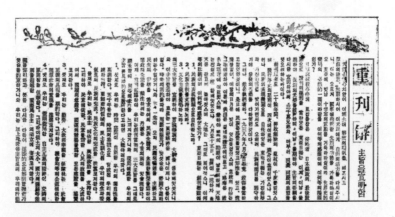

1945년 12월 12일자 동아일보 1면 머리에는 '중간사/주지를 천명함'이 실렸다. (사진출처 : 민언련 조선동아거짓보도100년 아카이브)

조선 민족은 독립할 능력이 없으니 일제에 "자치를 청원해서 영원히 식민지로 살아남아야 한다"고 주장한 사설, 1930년대 일제의 중국침략전쟁을 찬양한 무수한 사설, '대동아공영권 건설'이라는 일본 노예 제국을 찬양한 기사와 사설 등에 대해 한마디 사죄도 반성도 없는 이른바 중간사를 냈다. 이 신문이 그 뒤로도 이 민족의 내일에 어떤 패악을 저지를지를 예고하는 것이었다. 다시 거짓과 배신이 잇따르리라는 전주곡이었다.

동아일보는 광복 후에도 기득권을 지키기 위해 김성수, 장덕수, 송진우 등 자사 경영진을 주축으로 한국민주당(한민당)을 창당했다. 한민당의 유일한 명분은 반공이었다. 친일 오욕을 덮기 위한 반공이었다.

일제하 반민족행위에 한마디 사과 않은 조선일보 속간사

1945년 11월 23일 조선일보 복간호가 발행되었다. 조선일보는 속간사에서 "총독부의 횡포 무쌍한 탄압에 의하여 눈물을 머금고 강제폐간을 당했다"고 주장했으나 1940년 8월 10일자 1면에 사설로 실린 '폐간사'에서는 "조선일보는 신문통제의 국책과 총독부 당국의 통제방침에 순응하여 금일로써 폐간한다"고 머리에서 밝혔다. 저항의 폐간이 아니라 순응의 폐간이란 점은 이후 조선일보 사장이던 방응모가 경영하면서 친일에 적극적이었던 조광의 행적에서 뚜렷이 드러난다.

조선일보는 속간사에서 일제강점기에 일본의 '살아 있는 신'으로 대접받던 '천황폐하'에게 극도의 아부와 찬양으로 일관했던 사실과 중국 침략전쟁을 비롯한 동아시아 '정복'을 정당화 했던 친일사실에 대해 먼저 민족 앞에 참회하고 용서를 빌어야 했으나, 단지 신문의 재발행이 늦어지게 된 점을 '3천만 동포 앞에 깊이 사과'했을 뿐이다.

속간사는 폐간 이전의 사시(社是)인 '정의옹호', '문화건설', '산업발전', '불편부당'을 그대로 이어가겠다고 함으로써 새로운 독립 국가 아래서의 자주적 국가건설에 걸맞는 사시보다는 이전 식민지강점기 아래서의 가치관을 그대로 이어가겠다는 조선일보의 본모습을 그대로 드러냈다. 특히 '정의옹호'와 '불편부당' 이란 사시는 해방 이후에도 끊임없이 수구(守舊)를 옹호하고 진보 세력에 대해 음해와 공격을 계속함으로

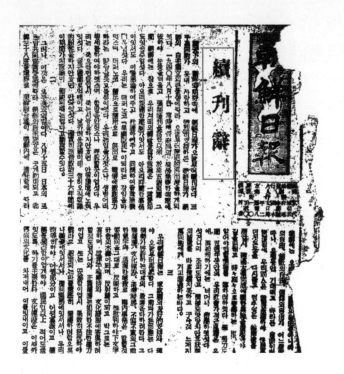

1945년 11월 23일 조선일보 복간호 1면 머리에 올린 '속간사' (사진출처 : 민언련 조선동아거짓보도100년 아카이브)

써 전혀 사실과 다르다는 점을 오늘날까지 보여주고 있다. 또 조선일보는 속간사에서 조선일보가 '군정청의 우호적 지지와 이해 있는 알선에 의해서' 속간 된다고 밝힘으로써 앞으로의 행보에 중요한 시사점을 던져 주었다.

'속간사'와 함께 실렸던 방응모의 '속간에 제하여'란 글 역시 '친일'과 반민족 행위에 대한 사죄나 반성은 한마디도 없고 오로지 8·15해방의

날이 '하늘과 전 민중이 조선일보 재건을 본인에게 엄숙히 명하던 날'이
었을 뿐이었다. 해방은 사회 모든 부문에서 친일과 식민지 적폐 세력의
온존이라는 장애물과 함께 왔고 특히 언론은 민중의 잣대를 왜곡되게
만듦으로써 엄청난 후과를 낳게 됐다.

동아의 모스크바 3상회의 '가짜뉴스'

동아일보는 1945년 12월 28일에 열린 3상회의 결과를 발표 이전에 미리 가짜뉴스로 보도했다. 사실과 정반대로 미리 보도한 것이다. 실제는 소련이 신탁 통치할 이유가 없으니 즉시 독립시키자는 것인 데 반해 미국은 5년 이상 신탁통치가 필요하다는 것이었다. 타협안으로 5년 신탁통치를 통한 임시정부 수립에 합의된 것이었지만 동아의 이같은 가짜뉴스로 우익진영은 즉시 독립시키려는 미국을 지지하는 '반탁'으로, 처음에는 역시 '반탁'을 지지했다가 모스크바 3상회의가 신탁통치 합의로 발표되자 '찬탁'의 입장으로 돌아선 좌익진영으로 나뉘어 반목 대립하는 계기가 만들어졌다.

이승만과 한민당은 즉시 독립이라는 명분으로 '반탁'을 통해 친일세력을 포함한 모든 우익진영을 단결시키려고 했다. 친일세력은 자신들의 친일경력을 즉시 독립을 위해서 노력하는 '애국자'로 포장했다. 오늘날 좌우대립이라는 남남갈등의 씨앗은 이렇게 뿌려진 것이다.

그러나 한민당 송진우 총무(대표)가 모스크바 3상회의 결과 보도를 보고 "미-영-소 3상 결정이 세 나라에 의해 합의된 것이고 이를 우리가 받아들일 수밖에 없는 것 아니냐"고 발언했다가 다음 날 자택에서 피격 사망하고 말았다. 한민당의 수뇌도 3상회의 결과를 받아들이고 임시정부 수립으로 가자고 합리적 판단을 했지만 우익 친일세력의 방침에 따

1945년 12월 28일 미국·소련·영국의 외상들이 소련 수도 모스크바에서 한국의 신탁통치에 관한 '결정'을 발표하기 직전인 12월 27일자 동아일보 1면 머리에는 모스크바 3상회의가 한국 신탁통치에 관해 내릴 것으로 예상되는 '결정'에 관한 기사 '소련은 신탁통치주장/소련의 구실은 삼팔선분할점령/미국은 즉시 독립주장'이 보도됐다. (사진출처 : 민언련 조선동아거짓보도100년 아카이브)

르지 않는 인물은 지위 고하를 가리지 않고 처단하려고 했다.

또 동아일보는 1946년 1월 16일자 1면에 조선공산당수 박헌영이 조선을 소련의 속국으로 만들기를 희망했다는 내용의 기사(조선을 소련의 속국으로/샌프란시스코 방송이 전하는 조공(朝共) 박헌영씨 희망)를 올렸다. 이 기사는 동아가 미국의 방송보도 내용을 확인도 하지 않고 인용한 오보로 드러났다. 같은 회견에 참석한 미군 기관지 기자와 국내 12개 신문과 통신사 기자 일동이 박헌영에 대한 동아의 보도가 사실이 아니라는 것을 확인하는 성명을 발표해도 바로잡지 않았다. 전년도 12월 27일자 가짜뉴스를 그대로 밀어 붙였던 것이다.

이승만의 '남한 단독정부' 적극 지지한 동아

1946년 6월 3일부터 4, 5, 6일 이승만의 '남한 단독정부' 주장 발언이 잇따라 나오자 좌우를 막론하고 이승만을 비판했다. 단독정부 수립에 대해 가장 먼저 지지하고 나선 정파는 한민당이었다. 한민당은 장덕수를 중심으로 선거대책을 마련하는 작업을 시작했다. 선거가 치러지면 240명의 후보를 내세워 정국의 주도권을 잡고, 조직을 강화해서 전국의 각 동과 리(里)에 근거를 확보하여 공산당 침투를 막겠다는 것이었다.

6월 11일에는 대한독립촉성국민회의(독촉) 전국지부장대회가 서울 정동교회에서 1,500여 명이 참석한 가운데 열려 이승만을 총재로, 김구와 김규식을 부총재로 추대했다. 6월 29일 이승만은 '민족통일총본부'(민총)를 결성했고 민총 총재는 이승만, 부총재는 김구였다. '단정'을 반대했던 김구가 그때 이승만의 단정운동에 왜 동조했는지는 밝혀지지 않았다. 이승만은 오직 남한 단독정부 수립과 '무력통일' '북진통일' 말고는 아무런 현실적 정책도 내놓지 않았다.

1946년 7월 9일 동아일보는 이승만의 회견 기사를 내놓고 있다. 단독정부론을 반대하는 여운형과 김규식을 중심으로 좌우합작운동이 일어났다. 우익의 원세훈 한민당 총무와 좌익의 민전 의장단 허헌 등이 참여한 '좌우합작 4자회담'이 성립했다. 여러 차례의 회합을 통해 1946년 10월 7일 좌우합작 7원칙에 합의했다. 모스크바 3상합의에 기초하여

1947년 1월 20일 입법의원에서 이승만 추종자들과 한민당 의원들은 중도파 의원들이 기권한 가운데 반탁결의안을 통과시켰다. 동아일보는 1947년 1월 22일자 1면 기사로 '입의에서 반탁을 결의/전 민족의 총의를 표시', '신탁 반대안을 상정/44대 1로 가결/민족사에서 영원히 빛날 대사실', '반탁의 가결은 민의 반영' 등의 기사를 싣고, 한민당과 이승만을 추종하는 것을 넘어 칭송하는 기사를 내보냈다. (사진출처 : 민언련 조선동아거짓보도100년 아카이브)

민주주의 임시정부의 수립, 미소공동위의 속개, 토지의 유상몰수-무상분여, 주요산업의 국유화, 친일파와 민족반역자 처리 조례 심리 결정 등에 합의했다.

　그러나 한민당은 즉각 반대성명을 발표했다. 동아일보는 10월 9일자에 '반탁', 그리고 토지개혁 등에 반대한다는 이유로 반대했다. 역시 제4항에 명시된 '친일파 및 민족 반역자 처리'가 한민당 주요간부의 운명을 위태롭게 한다고 보았을 것이다. 한민당의 이같은 결정은 원세훈 총무를 비롯한 김병로, 김약수 등 원로와 중진급 당원들의 탈당을 불렀다.

1947년 5월 21일 미소공동위가 서울에서 개최됐지만 전국에서 반탁 시위가 벌어지며 공위 참여 조건을 둘러싸고 미소 간에 견해 차이를 좁히지 못하고 결렬되고 말았다. 더욱이 좌우합작의 중심축이던 여운형이 7월 19일 테러로 암살당하자 좌우합작 운동은 동력을 잃고 말았다.

1947년 9월 9일 동아일보는 '조선문제 유엔상정, 마셜장관 총회에 정식 요구'라는 기사를 크게 실었다. 미국 정책이 미소 공위 합의보다 '단정수립'으로 가고 있음을 보여주었다.

대구 10월항쟁을 '소동'으로 보도한 동아일보

1946년 10월 1일 대구에서 식량난, 일제 출신 경찰에 대한 반감으로 항쟁이 일어나자 동아일보는 10월 3일 '대구 중심으로 파업단 소동/경찰서 습격 점거/경북 일대에 삼엄한 계엄령' 제목으로 사건 경위를 보도했다.

대구 일원에서는 4월부터 대기근이 시작된 데다 콜레라마저 창궐, 1천여 명이 사망하고 6월에는 수해까지 발생했는데도 미군정은 시민들이 쌀 배급 요구를 외면하는 등 무책임한 태도로 분노를 샀다. 10월 1일 파업노동자들과 부녀자들이 시위를 시작하고 경찰과 충돌했는데 경찰의 발포로 시위대 1명이 사망했다. 시위 군중은 걷잡을 수 없이 늘어났다.

동아일보는 대구 민중의 봉기 원인이 식량난과 미 군정의 무책임한 대응, 시위 군중에 대한 경찰의 무자비한 진압과 발포, 특히 친일 경찰에 대한 민중의 증오였다는 사실은 전혀 보도하지 않은 채 미 군정의 명령에 따르는 경찰 사망자 등 공직자의 피해에만 초점을 맞췄다.

10월 5일자 2면 '경관 사망자 53명/ 폭민(暴民) 중 피검은 202명/ 통영, 마산 등지에도 또 소동', 10월 6일자 2면 머리기사 역시 철저히 미군정의 관점을 대변했다. '전율할 영남소동의 그 후 소식/ 영동경찰서를 습격/대구에서의 탈옥자 1백여 명/ 소살(燒殺) 직전에 경관 구출/ 봉기된 영남 일대의 소동 경위' 등으로 제목을 달았다.

제주 4·3항쟁을 '폭동'으로 보도한 동아일보

1948년 4월 3일 새벽 2시경 제주도에서 뒷날 '4·3 항쟁'이라고 불리게 될 사건이 터졌다. 발단은 1947년 제28주년 3·1절 기념식장에서 벌어진 주민 시위사건에 경찰의 발포로 주민 6명이 죽고 8명이 중경상을 입은 데서 시작됐다. 4월 3일 남로당 무장대는 제주도 내 12개 경찰지서를 공격하고 우익단체 요인들의 집을 습격, 경관 4명, 민간인 8명, 무장대원 2명이 사망했다. 4·3항쟁은 1954년 9월 21일 한라산 금족(禁足) 지역이 전면 개방되기까지 6년 6개월 동안이나 계속되면서 민간과 경찰-군대 양측에 3만 명이 넘는 희생자를 냈다.

동아일보는 사건 발생 사흘 뒤인 4월 6일자 2면 하단에 '4일 제주도서/ 총선거 반대 폭동/ 사상자 12명 발생'으로 단지 몇 줄로 보도했다. 동아는 7일자에도 현장 취재 기사는 전혀 없이 미 군정 경무부장 조병옥이 발표한 '제주폭동 사건의 진상'을 그대로 실었다. '제주도 폭동 사건/ 인명 사상 53명/ 방화, 통신 절단/ 조 경무부장 진상 발표'

동아일보는 4월 17일자에 '제주 폭동' 기사를 '제주도에 무장한 폭도/ 게릴라전 전개/ 경찰은 교통 차단코 만전의 포진'이라는 제목으로 2면 머리에 올렸다. 그 기사도 현지 취재가 아니라 '출처 불명'의 내용뿐이었다.

남한 단독 총선거를 사흘 앞둔 5월 7일자 동아일보 2면에는 '제주도

폭동 현지 답사'라는 장문의 기사가 실렸다. '피의 제장(祭場)으로 변모한/ 남해의 고도 제주/ 평화스런 낙토에 파괴 책동의 선풍'이 그 기사의 제목이었다. 11월 17일 제주도에 계엄령이 선포돼 해안선에서 5킬로 미터 이상 들어간 중산간 지대를 통행하는 자는 폭도배로 간주하여 총살하겠다는 포고문을 발표했다. 미군 정보보고서는 "9연대(연대장 송요찬)는 중산간 지대에 위치한 마을의 모든 주민들이 명백히 게릴라 부대에 도움과 편의를 제공하고 있다는 가정 아래 마을 주민에 대한 '대량 학살 계획'을 채택했다"고 쓰고 있다.

4·3 항쟁은 남조선 단독 선거를 통한 단독정부 수립에 반대하는 남로당 제주도 지부의 무장폭동으로 촉발된 것이 사실이지만 미 군정이 동원한 경찰, 군대, 서북청년단 등이 무고한 양민들을 무참하게 학살하자 이데올로기를 떠나서 분노한 지역민들이 저항함으로써 한국 현대사에서 가장 오래 지속된 민중항쟁이 되었다.

1948년 10월 22일 '여순 사건'을 첫 보도한 동아일보의 제목은 '일부 군부대 반란 소요/공산계열과 극우분자도 책동/ 반군이 여수-순천 점령/ 양민과 경관을 학살/ 21일 이후 점차로 진정/ 광주 남원선 이남에/ 반도를 포위 소탕/ 이 국방부장관 전투경과 발표/ 가증(可憎), 14연대장 등 흉모(凶謀)'였다. 10월 15일 육군사령부가 14연대 1개 대대를 폭동이 계속되고 있는 제주도 파견을 명령했다. 여순 사건을 주동한 14연대의 김지회와 지창수 등이 제주폭동을 진압하라는 명령이 무고한 양민들을 살상하라는 의도로 해석했다. 그들은 제주 진압군으로 가는 길보다는 '봉기' 또는 '반란'의 길을 택했다. 그들은 경찰보다 차별받고 있다고 억

울해했고 반감이 강했다.

　동아일보는 10월 24일자부터 대대적으로 보도하기 시작했다. '보성
-광양에 반군 6백/ 여수-순천은 완전 탈회(奪回)/ 항공대, 함정도 긴밀
행동 중' '반군은 지리멸렬/포로 6백/ 계속 투항 중/ 총참모장 담' '반란
군에 고함/ 국방장관이 투항 엄명'은 국방부 발표를 그대로 인용했다.

　여순사건이 터진 지 열흘이 가까워지도록 국방부를 비롯한 '당국'의
발표만 받아쓰던 동아일보는 10월 20일자 2면 머리기사에 현지 파견
기자의 기사를 실었다. '대중 그 속에 적이 있다/ 명기(銘記)하라 참화의
결과/ 시산(屍山)의 순천, 반군의 행패 전모/ 순천에서 본사 특파원' 기자
는 현지의 대동청년단장, 순천군수, 순천읍장 등의 목격담을 바탕으로
순천에서 벌어진 격전의 '실상'을 전함으로써 취재가 편향적이었음을 드
러내고 있다.

34

최악 보도

제주 4·3 사건 진압 '태도의 온당함'을 주장한 조선일보

제주 4·3사건에 관해 군정청의 발표만을 전재하던 조선일보는 4·3사건이 일어난 지 2개월 2일 만인 6월 5일에 되어서야 처음으로 사건에 관한 사설을 내보냈다.

이 사설에서는 4·3사건이 크게 확대된 주원인을 제주도민의 특수한 '척분관계'에서 찾고 있으며 진압군인 육해경비대가 "동족상잔의 애사를 남기지 않기 위하여 은인자중 하면서 '사살주의'가 아니라 '생금위주'를 원칙으로 삼았다"고 '태도의 온당함'을 주장하고 있다. 이는 이후 '제주 4·3사건 진상규명 및 희생자 명예회복 위원회'가 펴낸 진상보고서 결론과는 판이하게 다른 것이었다.

35

진압군의 '학살'과 인권유린 외면한 조선일보의 여순사건 보도

정부 수립 두 달 남짓 만인 1948년 10월 19일 전남 여수에서 남녘을 피로 물들이는 사건이 터졌다. 여수 신월리에 주둔하던 제14연대 남로당 소속 김지회 중위와 지창수 상사 등은 제주 4·3을 진압하라는 명령을 어기고 대신 '반란'을 일으키기로 했다는 것이다. 반란군은 여수에서 경찰서장과 사찰계 직원 10여 명, 한민당 여수지부장, 대동청년단 여수지구 위원장, 경찰서 후원회장 등 우익계 사람들과 그 가족 70여 명을 살해했다. 10월 22일까지 전남의 7개 군 전체와 3개 군의 일부가 반란군의 통제를 받게 되었고 정부는 22일 여수와 순천 지역에 계엄령을 선포했다.

조선일보 10월 22일자 2면 머리기사는 '국군 일부 전남서 반란/ 좌익과 합세 2천여 명/ 치안은 불원간 회복을 확신/ 반란사건 전모 이 총리가 발표'였다. 이범석 총리 발표에는 구체적인 동기가 드러나 있지 않다. 조선일보는 다른 언론사와 달리 10월 20일 현지에 기자를 파견해 10월 29일자 기사를 쓰는 등 가장 적극적인 보도를 했다고 주장하고 있다. 그러나 가장 먼저 보도했다는 사회부 유건호 기자의 현장 기록은 동족상잔의 원인과 실상을 파악하지 못했으며 '빤쓰만 입은 채로' 수색을 당하고 있는 이유가 무엇인지도 기술하지 못하고 있다.

같은 지면에 '중학생도 합류/경찰관은 거의 다 피살/ 15명 총살 집행

/ 전 읍민이 모인 국민 교정서', '전북에까지 소요 파급/ 국군의 포위 진압은 시간문제'라는 기사도 있었지만 대체로 이승만 정부와 미군정의 반란 진압에 초점을 맞춘 내용이었다.

조선일보는 10월 28일자에서 '여순 사건'에 관한 사설을 처음으로 올렸다. 이 사설은 순천에서 벌어진 동족상잔의 실상에 대해서는 구체적으로 언급하지 않고 있다. '잔학 의도가 지나치고 살상수가 너무나 큰' 원인을 '반군이 점령 직후 저항력이 약한 경관 또는 우익단체 등 다수의 민중을 학살한' 데 있다고 단정한 것으로 보인다. 그러나 '여순사건' 전문가들이 연구 발표한 자료나 외국인 기자의 보도는 반란군과 동조자들의 살육이나 '인민재판'에 비해 진압군의 '학살'과 인권유린이 훨씬 가혹했음을 전하고 있다.

대구 10·1 사건의 원인은 외면한 조선일보

조선일보의 '10월 대구항쟁' 보도 역시 사건의 중대성에 비추어 그 내용은 '군정청 발표 그대로 옮기기'였을 뿐이다. 조선일보는 10월 4일 2면에 이를 처음으로 보도했으나 군정청 발표를 그대로 옮겼을 뿐 집회와 시위의 원인과 동기에 관한 언급은 전혀 없었다. 군정청 발표는 경찰 측 피해자가 사망자 53명 등이고, 검거된 사람은 2백 명이라고 했으나 노동자, 농민, 학생 등의 사망자 수에는 일체 함구했다. 그러다가 10월 8일자에 사설로 '대구사건의 중대성'에 대해 쓰면서 "사건의 원인으로 무엇이 있지 않겠는가, 규명되어야 할 것"이라고 말할 뿐이었다. 대구 현장에 기자를 보내 취재를 시켰다면 군중들이 경찰에 폭력으로 맞서게 된 원인 정도는 쉽게 파악할 수 있는 일이었다.

역사학자 강만길은 1946년 10월 대구에서 일어난 사건을 '민중항쟁'으로 표현하고 참가자는 3백여만 명, 사망자 3백여 명, 행방불명자 3,600여 명, 부상자 2만 6천 명, 체포된 사람 1만 5,000 명이라고 밝혔다(<고쳐 쓴 한국현대사> 창비 2010, 271쪽).

이승만의 반민법 와해 공작에 침묵

1948년 9월 22일 반민족행위처벌법이 통과되고 29일에는 국회의원 김인식 외 19명이 긴급동의한 대로 '특별조사위원회를 구성하자'는 안건이 재석 145명 가운데 찬성 92명, 반대 1명으로 가결됐다. 23일 특별조사위원 10명을 선임한 뒤 위원회(위원장 김상덕)를 출범시켰다. 반민특위는 1949년 1월 8일부터 박흥식, 이종영, 최린, 이광수, 최남선 등을 구속했다. 이어서 독립운동가들을 고문한 것으로 악명이 높았던 당시 수도경찰청 전 수사과장 노덕술을 체포했다. 그러나 대통령 이승만은 "공산당을 잡는 기술자 노덕술을 잡아넣은 것은 공산당의 짓"이라면서 그를 석방하라고 요구했다. 동아일보는 반민특위가 거물급을 구속하고 이승만이 부당한 압력을 행사했다는 사실을 일체 보도하지 않았다.

5월 18일 경찰은 소장파 국회의원 이문원, 최태규, 이구수 세 사람을 "남로당 프락치로 활동했다"는 혐의로 체포했다. 친일경찰 출신 서울시경 사찰과장 최운하가 수사했다. 동아일보는 이 사건도 보도하지 않았다.

6월 6일 오전 7시 서울 중부경찰서장 윤기병의 지휘로 무장경찰 40명이 반민특위 사무실을 습격, 특위 직원 33명을 체포했다. 6월 23일에는 국회부의장 김약수를 비롯, 노일환 등 12명이 국회프락치 사건으로 구속됐다. 이 기사도 동아일보는 보도하지 않았다. 이승만 정권과 친일세력이 노골적으로 추진한 반민특위 와해 공작은 경찰이 조작한 '국회프락

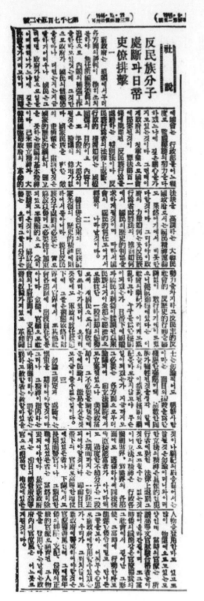

조선일보 1948년 8월 18일자 1면 사설 '반민족분자처단과 일제 이료 배격' (사진출처 : 조선뉴스라이브러리100)

치 사건'에 힘입어 급속히 추진됐다. 동아일보는 사주 김성수를 지키는 데 혼신의 안간힘을 다할 뿐 이광수 최남선이 구속되도, 한민당 소속 거물 국회부의장 김약수가 국회프락치 사건으로 구속되도 단 한 줄 보도하지 않았다

조선일보도 반민특위 와해 공작에 무비판적이었다. 조선일보는 일제 강점기에 적극적인 친일을 하면서 민족을 배신하고 괴롭힌 자들을 응징하는 문제에서 겉으로는 당연하다는 태도를 보였으나 정작 구체적인 사안에 대해서는 무시하거나 눈을 감는 모습을 보였다.

친일파 숙청법이 미군정의 반대와 인준 거부로 좌절된 후 1948년 8월 5일 제40차 제헌국회 본회의에서 '반민법 기초 특별위원회' 설치 동의안이 통과되었고 8월 16일 초안이 국회에 상정되었다.

그 이틀 후 조선일보는 사설로 "반민족분자 처단과 일제 이료(吏僚) 배격"을 주장, 그 대상을 일제하 관료에 한정시켜야 한다는 듯한 모습을 보였다. '언론보국' 이란 미명 하에 일본 '천황'에게 충성을 바치고 일제의 침략전쟁을 '성전'이라고 찬양하며 조선의 청년들을 총알받이로 내보내는 데 앞장섰던 조선일보 사장 방응모와 동아일보 사주 김성수에게 미칠지도 모르는 화살을 애써 막아보려던 태도라고 해석해도 지나치지 않을 것이다.

이어 이승만에 의한 노골적인 반민특위 무력화 시도는 일제하 독립운동가들을 체포하고, 무자비하게 고문하여 악명을 떨쳤던 '노덕술을 석방하라고 종용'함에 이르러 정점을 찍었다. 나아가 이승만 정권이 반민특위 조사관을 체포하라고 지시한 것은 당시의 국민감정이 도저히 용납할 수 없는 수준에 이른 것이었지만, 조선일보는 이를 비판하는 기사와 논설을 실은 바 없다.

이어 벌어진 '남로당 프락치 사건'으로 구속된 국회의원 3명의 석방결의안 통과를 둘러싼 국회 내의 소요와 관제데모 등도 5월 20일자 2면 중간에 짤막한 기사로 처리했을 뿐이다.

6월 6일에는 서울 중부경찰서 무장경찰 40명이 반민특위 사무실을 습격 하고 특위위원 33인을 체포해 중부서 유치장에 수감 했는데, 이런 사실도 조선일보는 6월 7일자 1면에 3단으로 실었을 뿐 사설로는 아예 다루지도 않았다.

반민특위에 결정적 타격을 가한 '제2차 국회 프락치사건'은 '관제 프락치' 또는 용공 조작 의혹이 다분한 사건이었지만 조선일보는 깊이 있게 취재한 기사나 의문, 문제점을 다룬 논설을 전혀 싣지 않았다. 수사기관의 발표나 당국자의 담화를 실은 것이 고작이었다. 결국 반민특위와해공작은 '국회 프락치' 사건을 '남로당 프락치' 사건으로 보도함으로써 종착역에 이르렀다.

김구 암살, 진상규명은 외면하고 남북협상은 비방

1949년 6월 29일 한낮 김구 주석은 경교장에서 안두희의 총격으로 서거했다. 동아일보는 2면 머리기사로 '어제 하오 1시 20분 경교장서/ 김구씨 피습 절명/ 범인은 군에서 수감 중/ 음울한 현장/ 군경만 출입'이라는 극히 냉담한 제목을 달아 내보냈다.

일제 강점기 후반에 동아일보는 김구가 이끌던 대한민국 임시정부를 '대일본제국의 적'인 장개석 정권의 '하수인' 격으로 다루거나 임시정부 자체를 아예 부정했다. 1948년 4월 남한의 단독선거인 5·10선거를 앞두고 김구가 김규식과 함께 평양의 남북회담에 참여했을 때는 "임정의 수뇌부를 자처하는 인사들이 자기의 정권욕을 만족시키기 위하여 적도 평양에서 공산파에 아유하고 소련에 국궁하는 것을 본다"고 극도의 비난을 퍼부었다.

동아일보는 7월 1일자 2면에 살해범 안두희가 한독당 '비밀당원'이라는 내용의 2단 기사를 실었다. 헌병사령부는 김학규 등 한독당 간부 7명을 살인교사죄로 구속했는데 안두희의 범행을 한독당 내부의 집안 싸움으로 조작하려 했다. 그러나 동아일보를 비롯한 언론은 암살 진상을 밝히려고 전혀 노력하지 않았다.

동아일보는 남북협상에서 돌아온 김구와 김규식에 대해 1948년 5월 6일자에 '총선거 반대, 남조선 정책 공격/북조선 정책 찬양에 시종 일관'

이라 비난하는가 하면 총선거를 이틀 앞둔 5월 8일자 1면 머리기사에서 '기만적 협상에 동요 말고/ 총선거로 일로매진/ 남조선 각계, 남북협상을 배격'이라고 헐뜯었다.

6·25 허위보도 일관한 동아 조선

1950년 6월 25일 한국전쟁이 발발한 이래 전쟁이란 특수한 상황이란 점을 감안 하더라도 조선일보와 동아일보의 보도 양태는 정부 당국자의 발표를 그대로 베껴 쓰는 수준을 벗어나지 못했다.

1950년 6월 26일자 조선일보는 1면 머리에 '이북 괴뢰 불법 남침/25일 이른 새벽 38 전선(全線)에 걸쳐'라는 제목 아래 국방부 정훈국장인 대령 이선근의 담화문을 실었다. 이 담화에서 대통령 이승만은 "만전의 방어태세로 저들이 남침할 때 이를 포착 섬멸할 수 있는 준비와 태세가 구비되어 있으니 전 국민은 이북의 모략 방송 및 유언비어에 속지 말고 안심하고 국부적 전황에 특히 동요하지 말라"고 보도했다. 다음날 발표한 전황과 28일자 조선일보는 1면에서 '아군의 승전보'를 대서 특필 했다. '전과 혁혁, 요격 태세 완비/ 국군 일부 해주 돌입/ 적 사살 1,580명/ 전차 등 격파 58대', '제공권 완전 장악/ 국군 의정부 탈환/ (壯)! 전면적으로 일대 공세', '적기 2대 격추/ 27일 김포 공중전에서/ 적 선박 1척 격파/ 김포 해상에서 소형 2천 톤 급' 등이라는 제목으로 보도했다.

동아일보 역시 한국전쟁 발발 직후인 1950년 6월 27일자 사설 '괴뢰 침공에 총력적 방위'에서 국방부의 허황한 발표를 그대로 내보내 근거 없는 안도감을 퍼뜨렸다.

조선일보와 동아일보 사장을 비롯한 사원들은 자기 회사 기자들의

(사진 위) 1950년 6월 26일자 조선일보 1면 머리에 실린 '이북 괴뢰 불법남침 / 25일 이른 새벽 38 전선 (全線)에 걸쳐' 기사 (사진출처 : 조선뉴스라이브러리100)

(사진 아래) 1950년 6월 28일자 호외 사진. 북한군이 서울을 함락한 1950년 6월 28일 조선일보 호외에 는 '조선민주주의 인민공화국 만세!', '경애하는 수령인 김일성 장군 만세'라고 적혀 있다. 이 호외는 2015 년 3월 미디어오늘이 최초 공개했다. (사진출처 : 미디어오늘)

[제2장] 민족분열과 분단 조장: 해방, 미 군정기~한국전쟁기

취재로 '전황이 불리하다'는 사실을 알고 있었고 국방부 작전과장이 '피란 가는 것이 좋겠다'고 권유하기까지 했기에 상황을 잘 알고 있었다. 아무리 전쟁 중이라도 정부의 '허위 보도자료'를 그대로 베껴 씀으로써 많은 국민이 피란 갈 시기를 놓치고 결국 희생됐다.

40

최악 보도

거창양민 학살사건, 국민방위군사건 보도 찾아볼 수 없었던 동아일보

1950년 12월에 시작되어 수많은 젊은이를 죽게 한 '국민방위군사건'과 1951년 2월 경남 거창 신원면에서 민간인 719명을 학살한 '거창 양민 학살사건'에 대해서도 조선일보와 동아일보는 기본적인 사실은 물론 그 원인이 무엇이었는지조차 보도하지 않았다.

1951년 2월 10일부터 13일까지 경남 거창군 신원면에서 군대가 민간인 719명을 집단학살한 사건이 일어났다. 같은 시기에 국회에서 수많은 청장년을 굶어 죽고 얼어 죽게 만든 국민방위군 사건이 보고되었으나 동아일보에는 보도되지 않았다. 50여 일이 지난 뒤 논란이 커지자 3월 31일자 사설로 간접적으로 전했을 뿐이다. 학살사건을 저질러도, 엄청난 부정 비리를 저질러도 군 관련 사건은 기피하는 무책임한 태도로 일관했다.

당시 부통령 이시영이 이승만의 파탄을 비판하는 동시에 자신의 무능과 자괴감을 담아 성명서를 발표하고 국회에 사의를 표했지만 조선일보는 뒤늦은 5월 12일자 1면에서 '이 부통령 사표 제출'이란 기사를 실었을 뿐 그 내용이 전혀 없어 왜 사임하는가에 대해 아무런 설명도 하지 않았다.

제3장

자유당 독재기와
학생혁명

: 이승만·장면 시대

자유당 사사오입 개헌을 기정사실로 인정

1945년 8월 15일 대한민국 정부 수립 선포 이후 조선일보는 이승만 정권을 적극적으로 비판하거나 '1당 독재체제'를 통한 이승만의 종신집권 기도를 독자에게 제대로 알린 적이 없다. 이러한 보도 태도는 1954년 11월에 일어난 이른바 '사사오입 개헌파동'에서 일시적인 변화를 보였다고 할 수 있다. 1954년 5월 20일 실시된 제3대 총선은 이승만이 개헌을 염두에 두고 관권과 금권을 동원해 치른 선거였음에도 불구하고 자유당이 획득한 의석수 114석은 개헌 통과에 22석이 모자랐다. 자유당은 이를 해결키 위해 매수와 부정선거 고발 위협 등을 동원하여 무소속 당선자 23명을 자유당에 입당시키고 국회에 개헌안을 제출했다. 개헌안의 핵심은 초대 대통령의 중임 제한을 철폐하는 것이었다.

조선일보는 9월 8일자 1면에 '자유당 개헌안의 불가한 기본 조건'이란 제목의 사설을 실었다. 사설은 "이와 같은 개헌은 그 동기부터 이해할 수 없거니와 개헌 내용은 무엇보다 그 주된 내각제도의 변경이 민주정치의 기초를 그르치는 것이 될 점에서 우리는 다시금 반대하며 국민의 냉엄한 비판이 있기를 바라는 바"라고 보도했다.

개헌반대세력을 '용공'으로 몰아붙이는 살벌한 분위기 속에서 개헌안은 11월 20일 국회에 상정됐고, 표결 결과 총 203명 참석에 찬성 135, 반대 60, 기권 7표로 3분의 2에서 1표가 부족해 부결된 것으로 선포됐다. 그러나 이를 수학에서의 '사사오입' 원리를 적용해 계산하면 통과된 것이나 다름없다고 주장함으로써 기상천외의 방식으로 부결을 가결로 뒤집어 재선포하기에 이르렀다. 조선일보는 부결 번복을 비판하는 듯하면서도 막상 '사사오입' 개헌을 기정사실로 인정하는 쪽으로 다음과 같이 결론 맺었다.

"개헌 '가결'의 결과는 물을 것도 없이 자유당이 수에 의한 힘으로 국회를 지배케 되었고 정부는 '힘'으로써 국회의 '개헌가결'을 집행케 되는 것이다. 선진국의 '대의정치'가 하루아침에 된 것이 아닌 이상 우리나라에서도 불과 6년의 세월에 순탄하게 진행될 것을 기대키는 어렵다. … 국민도 침착한 태도로 혼란에 휩쓸리지 않도록 하여야 할 것이다."

이것이 조선일보의 논조였다.

조봉암 사법살인 옹호, 방관

제3대 대통령선거에서 민주당 신익희 후보가 갑자기 사망함에 따라 23.8% 득표율을 올린 무소속 조봉암은 종신집권을 노리는 이승만에게 커다란 걸림돌이 됐다. 반년 후인 1957년 조봉암이 사회민주주의 정강을 가진 진보당을 창당하려 하자 지구당 곳곳에서 탄압과 테러가 공공연히 자행되었으나 동아일보는 이들 사건을 일체 보도하지 않았다.

반공 지상주의 동아일보는 이듬해 1월 진보당 사건에 대해 "진보당 간부급 여러 명이 북의 괴뢰들과 연관되었으며 조봉암의 집에 김일성의 편지가 발견되었다"면서 사찰당국에서 전해들은 근거 없는 이야기를 대서특필했다. 진보당 간부들이 간첩혐의로 구속된 것은 국가보안법 개정 이전이었으며 조봉암은 악법으로 비난받던 개정법에 따라 사형이 집행되었다.

조선일보도 마찬가지였다. 1957년 9월 검찰은 "조총련계 간첩 정우갑과 관련 혐의가 있다" 면서 조봉암을 소환했으며, 1958년 1월 12일에는 서울지검 부장검사 조인구가 혁신세력과 밀접한 관계가 있는 박정호, 김경태 등을 간첩 혐의로 긴급 체포함으로써 조봉암 관련 사건을 구체화했다. 조선일보는 1958년 1월 13일자 석간 3면에서 "조봉암씨 등 3명 연행/ 12일 새벽부터 검찰서 모종 중대사건 수사/ 당국자 함구/ 평화통일 내막 규명" 등 정부와 수사당국이 발표하는 '진보당 사건' 내용을 중계하듯 전달했다.

또한 조선일보는 1958년 2월 21일자 석간 2면 머리기사로 관계 당국을 소식통으로 "간첩이 진보당에 거액의 자금을 제공했다"는 내용의 기사를 실었다. 결국 조봉암은 1959년 7월 31일 서대문형무소에서 사형이 집행됐다. 그러나 조선일보는 8월 1일자에서 사형집행에 관한 권력의 '보도 관제'를 보도했을 뿐이다.

2011년 1월 20일 대법원은 조봉암 유족이 청구한 재심 선고공판에서 대법관 전원 일치 의견으로 무죄를 선고했고, 이어진 국가배상청구소송 공판에서 국가의 29억 7천만 원 배상 판결을 내려 이승만 정권의 '사법살인'을 인정했다. 하지만 두 신문은 그의 억울한 희생에 대하여 당국의 보도자료만을 앵무새처럼 전달한 데 대해 한 마디의 사과조차 하지 않았다.

3·15 부정선거 규탄한 마산의거를
습격과 방화에 초점 맞춘 조선일보

4월 혁명의 단초는 해방 후 식민지 친일 반민족세력이 이승만 정권의 근간이 되어 사회 모든 부문에서 반개혁적 수구 옹호 정책을 편 탓이기도 하지만, 여기에 더한 권력의 부패는 1960년 3월에 이르러 전 국민적 저항이라는 임계점에 도달했다. 이런 상황에서 2월 28일 이승만 정권을 규탄하는 대구 고등학생 데모가 벌어져 사람들을 놀라게 했으며, 이어 자유당과 내무부 부정선거 비밀 지령이 드러나 보수 신문들조차 도저히 지나칠 수 없게 됐다.

3·15부정선거는 개표 자체가 아무런 의미도 없을 만큼 전국적으로 대리투표, 사전투표, 3인조 투표가 자행되는 가운데 치러졌고 경찰, 반공청년단은 투표장 주변에서 공포 분위기를 조성했다. 투표가 마감되기 전인 오후 4시 30분 민주당 중앙당은 '3·15선거 불법 무효임을 선언'했다.

이미 오후 3시경 마산에서는 '마산의거'라 불리게 된 역사적인 투쟁이 시작됐다. 민주당 마산 시당 간부들은 그날 아침 투표소에서 40% 사전투표와 3인조 공개투표의 현장을 목격하고 오전 10시 30분 선거 무효 선언과 부정선거를 폭로하는 시위에 나섰다. 이날 마산에서는 민중 봉기에 대한 최루탄 발사와 사격이 있었으며 민간인 사상자가 다수 발생했다. 조선일보는 사태의 심각성을 여전히 파악하지 못한 채 3월 16

일자 1면 머리에 "마산에 일대 소요 사건/ 학생, 시민들 지서 습격하고 방화"라는 기사를 실었다. 이 기사는 군중이 왜 그렇게 과격한 시위를 벌였는지 경찰이 왜 사격을 하고 최루탄을 발사했는지에 대해 원인과 과정을 전혀 전하지 않은 채 학생과 시민들의 지서 습격과 방화에 초점을 맞추었다. 그리고 그 옆에 '내무당국의 발표'가 실려 있어 당국이 발표한 내용이 마산항쟁의 제1보로 제시됐다.

4월 혁명은 이렇게 시작되었지만 가장 나이 어린 초·중·고등학생부터 모든 사람이 거리로 나서는 모습을 보고서야 보수 언론도 팔을 걷고 나서지 않을 수 없었다. 4월 26일자 조선일보 사설은 "정의에 불타는 청년 학도들의 장거는 기어코 오늘의 결과를 가져오고 말았으니 비겁한 기성세대는 숙연히 젊은 세대 앞에 머리를 숙이고 그들 애국청년학도의 순혈에 보답하는 사신(捨身)의 결의가 있어야 할 것이다"라고 보도했다. 기성세대가 '비겁'하다고 인정하고 나섰으나, 이후 조선일보 행태가 청년 학도의 정의에 보답하는 자세였는지는 군사독재 아래에서 권력의 홍보수단이 된 조선일보의 비겁한 보도 태도가 잘 반증해줄 것이다.

이승만 하와이 망명 옹호

1960년 4월 27일 대통령을 사임한 이승만이 5월 29일 하와이로 망명했을 때 동아일보는 5월 30일자 사설을 통해 "타의에 서거나 자의에 서거나 악의 씨를 뿌려서 병균이 만연된 이 땅을 떠났다는 것은, 어느 의미로 보나 불행 중 다행이라고 볼 수 있다"고 평가했다. '몰지각한 일부

동아일보는 1960년 5월 30일자 1면에 '이 박사의 망명'이라는 사설을 실었다. (사진출처 : 동아디지털 아카이브)

정상배가 복고 망계(妄計)에 사로잡혀' 온갖 잡음을 퍼트리고 있는 판에 그가 망명해버림으로써 유언비어가 일소되었으니 다행이라는 설명이다. 4월 혁명의 이념과 본질을 왜곡한 옹졸한 애국심이라고 할 수 있다.

실정법으로 엄중한 처벌을 받아야 할 국사범이 해외로 도피한 사건을 불행 중 다행이라고 했기에 오늘날 이승만은 극우 보수세력의 '국부' '영웅'으로 부활해서 추앙받고 있는 빌미가 된 것이다.

45

최악 보도

동아일보, 한민당 주축의 민주당 구파 대변지로 전락

제2공화국이 출범하면서 집권 민주당이 신파와 구파로 대결했을 때 동아일보는 한민당원이 주축인 구파의 대변지 역할을 하다시피 하면서 자유당 출신 신파인 장면 정권을 비판하기 시작했다. 게다가 부정선거 및 4·19 학생혁명 관련자 1심 판결에 불만을 품은 시민들이 국회의사당을 점거하자 동아일보는 장면 내각의 총사퇴를 주장했다. 일부 사설에서는 '장면 씨'로 호칭함으로써 행정 수반 총리로 인정하지 않는 보도 태도를 보이기도 했다.

장면 정권하 동아일보의 반공지상주의

4·19 학생혁명 뒤 7·29 총선 기간에 활발해진 통일논의는 '중립화 통일론'과 '남북 협상론'이 중심을 이루고 있었다. 7월 10일자 조선일보 석간 1면의 사설 '통일방안엔 감시 방식보다 근본적인 문제가 있다'는 진보 정당 사회대중당이 제기한 남북총선거 정책이 안고 있는 문제를 중심으로 '조선일보 통일론'을 주장하고 있다.

7·29 총선을 계기로 민간 차원의 논의가 활발해지자 4월 혁명의 주역인 학생들이 민감한 반응을 보였다. 서울대 민통련은 본격적 통일운동 단체로는 처음 결성됐다. 보수언론은 서울대 민통련 발기와 그 단체의 통일론에 대해 장면 정권보다 훨씬 더 극렬한 반응을 보였다. 조선일보가 11월 3일자 석간 1면에 올린 사설 '근본적 문제를 망각한 통일론은 무용하다'가 바로 그것이다. 요지는 공산주의가 사라지지 않는 한 한반도에서 통일은 이루어질 수 없다는 것이다. 심지어 장면 정부가 주장하는 대한민국 헌법 절차에 의하여 유엔 감시하에 인구 비례에 따라 실시하는 자유선거조차 공산주의를 불법화하지 않은 상태에서 진행되면 공산주의를 인정하는 통일이 될 수밖에 없다는 뜻이다.

제4장   **쿠데타와
유신독재의
옹호자**

: 박정희 시대

5·16 쿠데타 책임 장면 정권에 전가

— 5·16은 '축복' '구국의 길' 신 '용비어천가'

박정희와 그의 군부 추종세력은 1960년 5월 16일 새벽 국민이 세운 민주 정부를 총칼로 찬탈하는 쿠데타를 일으켰다. 청년 학생 등 민중이 피흘려 민주를 쟁취한 4·19 혁명이 일어난 지 불과 1년여 만이다. 민주의 사망을 곡(哭) 해야 할 언론은 쿠데타에 박수를 보냈다. 조선일보와 동아일보는 바로 박정희의 쿠데타를 찬양 옹호한 충실한 나팔수였다.

특히 동아일보는 5·16쿠데타가 나자 이승만 정권에 저항했던 자유 언론 논조를 갑자기 접고 장면 정권을 규탄하는 쪽으로 변절했다. 군사변란을 정당화하는가 하면, "무능 부패한 정부, 정당도 아닌 도당, 혁명을 팔고 다니는 학생 아닌 정상배, 심지어 김일성 앞잡이들까지 멋대로 놀아나서 세상은 난장판이 되었다"고 장면 정부를 극렬하게 비난하면서 '쿠데타는 올 것이 온 것'이라는 논조를 폈다.

"군사혁명은 민생고 공산 적의 위협 등 이러한 불행한 여건 하에서 보다 나은 입장을 마련하기 위해 감행된 것으로서 군사적인 단결과 함께 국내외적인 찬사와 지지를 받게 됐다." (조선일보 1960년 5월 19일자 사설)

"군사혁명은 구국을 위해 가능한 유일한 길-이 엄숙한 시기에 온 국민이 혁명과업 완수를 위해 총진군해야 한다. 실로 위대한 건설에 일치 단결하여 총진군해야 한다." (동아일보 1960년 5월 17일자 사설)

장면의 민주 정권하에서 맘껏 민주 자유를 외치던 조선, 동아는 하루

오늘未明軍部서反共革命

張都暎中將
張勉政□□
軍事革命

十六日 軍事革命委員會議長
□□ 國民이 民生
克服하기 위하여 軍事革命委
中央放送을 통해서 發表하고
立法·行政·司法을 完全히 掌
에는 良心的인 政治人에게
事委員會의 發表는 다음과같
비롯한
三,
二, 지금까지 口號에만 그
現政權의 腐敗와 舊惡
自由友邦과의 紐帶를
遵守하고
精氣를 振作시키며 허
家自主經濟體制를 完成한다
五, 國民의 宿願인 國土統
六, 이와같은 우리의 課業
들에게 政權을 移讓하고 우
리들 軍事革命委員會를
愛國同胞 여러분!
우리들 軍事革命委員會를
生業에 從事하여 주십시요

1960년 5월 16일 오전 동아일보는 '호외'를 통해 '오늘 미명 군부서 반공 혁명'이라는 제목으로 쿠데타를 혁명으로 미화한 반면, 조선일보는 '오늘 새벽 군부 쿠데타'라고 표현했다. (사진출처 : 민언련 조선동아거짓 보도100년 아카이브)

아침에 장면 정권을 부패 무능의 쓰레기 정권 등으로 매도하면서 군부 쿠데타를 찬양하는 '용비어천가'를 불렀다. 군부의 정권장악이 무혈 평온한 가운데 이뤄진 것은 대다수 국민에게도 극히 축복스런 일이라고 보도했다.

최악 언론필화 민족일보 사건 외면

1961년 2월 13일 창간된 민족일보는 개혁적이고 진보적인 논조로 가판에서 1위를 차지할 정도로 큰 인기를 얻었다. 그러나 5·16 쿠데타 세력은 5월 18일 민족일보 발행인 조용수 사장을 연행했다. 그리고 고문을 통해 "일본 조총련 자금을 받아 북괴가 주창하는 평화통일을 선전했다"고 사건을 조작, 발표했다.

조용수 사장은 일본에서 조총련의 정반대 민단에서 활동하던 청년이었다. 그러나 쿠데타 세력의 하수인 혁명재판부는 "민족일보가 평화통일 남북협상 등 반국가단체인 북한 괴뢰 주장에 고무 동조했다"는 죄목으로 사형을 선고했다. 조용수에게 적용된 특수범죄처벌법은 3년이나 소급 적용하는 위헌적 악법이었다.

이에 국제신문인협회(IPI)를 비롯한 국제펜클럽 등의 국제단체는 민족일보 탄압을 우려하는 항의 성명을 발표하고, 박정희 의장에게 직접 항의서한을 보내기도 했다. 일본에서도 언론인, 교수, 문학가, 노동조합, 청년 등이 '한국 언론인 구명을 호소하는 모임'을 만들어 구명운동에 나섰다.

그러나 정작 우리 언론 특히 조선일보와 동아일보는 쿠데타 세력의 일방적인 조작 발표만 크게 보도하고 IPI의 지적이나 세계적 구명운동은 단신으로 처리했다. 오히려 국내 언론은 "민족일보 문제는 혁명 정

민족일보 사건 상고심 판결을 보도한 동아일보 1961년 11월 1일자. 동아일보와 조선일보는 이 사건을 쿠데타 세력의 일방적 입장 위주로 보도했다. (사진출처: 동아일보 뉴스라이브러리 캡쳐)

부의 언론정책에 하등 문제가 되지 않는다"고 보도했다. IPI는 "민족일보 사건에 대해 한국일보를 제외한 모든 한국 언론이 침묵했다"고 지적했다.

일간 신문사 발행인이 사형에 처해진 이 민족일보 사건은 우리 언론사 최대 필화사건으로 기록됐으며, 이 사건은 2006년 진실화해위원회에서 '명예회복 및 재심 조치 권고'를 받았고, 2008년 재심을 통해 무죄 판결을 받았다.

49
최악 보도

양시양비론으로 일관한 조선일보 한일협정 보도

1963년 12월 17일 대통령으로 취임한 박정희는 1964년 초부터 한일 회담을 준비했다. 박정희 정권의 정치적 목적과 미국의 강력한 요구가 일치했다. 이 사태에 대해 야당과 대학가는 '범국민투위'를 만들어 반대 했다. 5월 20일 서울대 문리대 교정에서 '한일굴욕회담 반대 학생총연합 회'의 이름으로 선언문이 발표되고, '축(祝) 민족적 민주주의 장례식'이 벌어졌다. 이때까지 조선일보는 비교적 대학가 사태를 충실히 보도했다.

그러나 박정희는 6월 3일 전국에 비상계엄을 선포했다. 이른바 6·3 사태다. 계엄을 통해 학원시위를 진압한 박정희는 다시 한일회담을 추진했다. 그리고 1965년 2월 15일 한국과 일본은 '한일기본조약안'에 합의했다. 이에 조선일보는 논조를 바꿔 한일조약을 옹호했다. 2월 23일 자 '한일기본조약의 분석과 어려운 차후의 교섭'이라는 사설에서 "양국 간에 있었던 불행한 관계에서 연유한 한국 국민의 대일감정에 유념하는 '유감의 뜻'과 '깊이 반성하는 바'임을 표명함으로써 '사과 사절'의 역할을 다소나마 대행 하였다"라고 썼다.

조선일보 사설의 주장대로라면 '식민지 민중에 대한 착취와 수탈, 강제 징병과 위안부 문제' 등에 대한 배상이 제대로 이루어지지 않을 것은 명확한 일이었다. 이 문제는 지금도 위안부와 강제징용자 배상 문제를 놓고 한일 간 외교적 갈등의 원인이 되고 있다.

3선개헌 옹호, 장기집권 길 터줘

박정희 군사독재정권은 정치 쿠데타의 연속이었다. '과업이 성취되면 정권 이양하고 본연의 임무에 복귀한다'던 혁명공약 6조는 슬그머니 사라지고 군정 4년 연장 제의, 민정이양-번복 등 정치쇼를 계속 벌였다. 결국 3선 개헌으로 장기집권의 마각을 드러내고는 종신집권을 위한 유신쿠데타를 일으키기에 이른다. 조선, 동아는 당시 장기집권 찬양의 나팔수로 활약했다.

박정희 3선의 길을 연 1971년 4·27대선 결과에 대한 조선일보의 보도는 "아낌없는 축하를 보낸다. 4년간의 집정공약을 다짐한 끝에 안겨

1969년 1월 10일 박정희는 연두 기자회견에서 개헌에 대한 견해를 밝혔다. 동아일보는 이를 1면 머리로 크게 보도했다. (사진출처: 민언련 조선동아거짓보도100년 아카이브)

공화당이 8월 7일 국회에 개헌안을 제출하자 동아일보는 8월 8일자 2면에 '통단 사설'을 올렸다. '헌법 개정과 우리의 견해'라는 사설은 박정희가 대통령으로 이룬 치적을 높이 평가하면서 '계속 집권'의 필요성을 강조했다. (사진출처: 민언련 조선동아거짓보도100년 아카이브)

진 승리의 영광이란 데서 더욱 보람 있는 순간의 감격은 값있는 것이다" 였다. (조선일보 1971년 4월 29일 2면)

동아일보는 앞서 2년 전 공화당의 3선 개헌안부터 지지하고 나섰다. "적의 도발을 막고 경제건설에 박차를 가하는 데 있어 박정희 대통령의 계속 집권이 필요하다는 우국충정을 결코 낮게 평가하지 않는다." (동아일보 1969년 8월 8일자 통단 사설)

조선일보와 동아일보는 5·16 쿠데타부터 군사정권의 장기집권 음모 공작, 유신쿠데타에 이르기까지 그들의 반민주적 반역사적 책동을 지지 옹호해왔다. 이는 언론사에도 돌이킬 수 없는 치욕의 역사로 기록될 것 이다.

조선일보, 박정희 정권의 특혜로 호텔 건축

조선일보가 1968년 일본의 상업차관(400만 달러)으로 코리아나호텔을 건축한 것은 박정희 정권이 특정 언론사에 준 대표적인 특혜로 기록된다. 이 돈은 한일협정에 따른 대일청구권자금과 함께 연차적으로 일본에서 들여온 상업차관인데 당시 국내금리가 26%였던 데 비해 연리 7~8%밖에 안 되는 엄청난 특혜였다.

조선일보가 상업차관을 받은 그 시절에 차관 문제를 보도한 신동아 필화사건이 터졌다. 신동아는 1968년 12월호에 차관에 관한 심층 보도를 통해 박정희 정권이 외국에서 들여온 차관 일부를 어떻게 정치자금으로 유용했는지를 폭로했다. 당장 필진과 간부들이 중앙정보부에 끌려가고 여러 명이 퇴진하는 등 필화 사건의 후유증이 대단했다.

조선이 받은 상업차관은 박 정권이 차관을 어떻게 정치적으로 운용했는지를 보여주는 대표적 사례다. 조선의 코리아나호텔은 지금도 차관 특혜와 함께 일본인들의 매춘관광 시비, 호텔 앞 사유지 무단점유 등 논란이 끊이지 않고 있다.

조선일보, 전태일 분신 단신 처리

1970년 11월 13일 평화시장 청계피복 노동자 전태일이 분신 사망했다. 전태일 분신은 그동안 쉬쉬했던 노동자의 현실과 노동조합 문제를 제기하는 획기적 사건이었다. 이 사건에 대해 대부분 언론은 14일 자 신

조선일보는 1970년 11월 13일자 전태일 분신기사를 단신 기사로 처리했다. (사진 출처 : 조선일보 아카이브)

문에 '농성 근로자 분신 사망'이라는 제목으로 자세히 보도했다. 숨진 전태일의 사진까지 실었으며, 이후 서울대생의 장례식장 농성 등 후속보도 역시 이어졌다.

그러나 조선일보는 1970년 11월 14일 8면 하단에 '시장 종업원 분신 자살'이라는 제목으로 단신 기사로 처리했을 뿐이다. 이후 대부분 언론이 이 사건에 주목하자 17일자부터 뒤따라 보도하기 시작했다. 우리 노동운동사에서 매우 중요했던 전태일 분신 사건에 대한 조선일보의 이같은 인식은 '친재벌, 노동자 폄훼' 보도의 전형적 사례라고 할 수 있다.

그런데도 조선일보는 2020년 '인물과 사건으로 본 조선일보 100년' 특집에서 자매지인 주간조선이 11월 22일 '전태일 일기장 특종'을 했다고 자화자찬하고 있다.

유신체제 독재자의 동반자 동아 조선

1972년 10월의 소위 유신체제는 박정희 개인의 종신집권과 독재 권력을 합헌화하기 위한 비열하고 거대한 쇼였다. 국민의 권력을 더 빼앗기 위한 친위 쿠데타, 헌정 쿠데타였다. 박정희 정권은 쇼 개막 3개월 전 '7·4 남북공동선언'으로 순진한 국민과 세계를 기만한 후 돌변, 우리 헌정사상 최악으로 민주주의를 타락시켰다.

권력을 감시해야 할 조선일보와 동아일보는 오히려 기다렸다는 듯이 박정희에게 아첨하기 바빴다. 박정희가 장충체육관 선거를 거쳐 유신대통령에 취임하자 동아일보는 사설에서 '박 대통령의 취임은 특히 그 정치적 의미가 크다고 하지 않을 수 없다' 면서 '국민으로서 흐뭇함을 금할 수 없다'고 반민주 언론의 본심을 드러냈다.

조선일보 역시 사설에서 '가장 적절한 시기에 가장 알맞은 조치로서 이를 환영하지 않을 수 없다' '비상사태는 민주제도의 향상과 발전을 위하여 하나의 탈각이요 시련이요 진보의 표현임을 믿어 의심치 않는다'고 견강부회했다. 이 신문들은 사흘이 멀다 하고 '유신'을 찬양하거나 지원하는 사설과 기사를 내보냈다.

1972년 10월 18일자 동아일보 3면 사설 '비상계엄 선포의 의의' (사진출처 : 민언련 조선동아거짓보도100년 아카이브)

1972년 10월 21일자 조선일보 조간 2면 사설 '비상계엄과 경제의 방향' (사진출처 : 민언련 조선동아거짓보도100년 아카이브)

폭정과 반인권 사건을 '유신'편에서 보도

'유신'의 당연한 귀결로서 '개헌 청원 백만인 서명운동' 등 국민의 치열한 민주화 투쟁이 잇달았으나, 박정희는 오히려 자신의 최대 정적인 김대중을 1973년 8월 도쿄에서 납치하고 장준하를 의문의 죽음에 이르게 했으며, 1975년 4월 인혁당 사건 관련자 8명을 사법살인 하는 등 야만적 폭정을 일삼았다.

조선일보는 중앙정보부에 의해 저질러진 김대중 납치사건을 정부 당국의 발표 등을 인용하여 계속 하찮은 사건처럼 보도했다. 그것도 작은 활자로 좁은 지면에 눈에 잘 뜨이지 않도록 취급했다.

대법원 판결 후 24시간도 안 돼 8명의 사형을 집행한 인혁당 사건에 대해 조선일보는 중앙정보부 발표를 그대로 옮겨 썼고, '불순세력의 학원 침투-'라는 사설도 발표 내용을 모두 사실로 인정하면서 이들을 내란을 모의한 반정부집단으로 매도했다.

동아일보 역시 이 사건을 중앙정보부의 발표를 그대로 받아썼다. 1면에 '폭력데모로 노동정권 수립기도/ 청와대 등 점거 계획' 등의 제목으로 국민과 독자를 겁먹게 했으며, 사설도 '가공할 음모를 미연에 방지할 수 있게 된 것이 다행'이라고 반민주적 독재정권 편에 서 있음을 분명히 했다.

인혁당 사건은 우리 사법 역사에서 가장 어두운 판결인 '사법 암흑의 날'로 기록된다. 이 사건은 2009년 조작으로 드러나 모두에게 무죄가 선고됐고, 유가족에게 배상조치가 이뤄졌다.

동아·조선일보 기자·PD 대량 강제해직
―'동투' '조투'의 탄생

유신정권에 대한 국민적 저항과 함께 동아일보와 조선일보 내 정직한 기자들의 언론자유 투쟁도 거세져 갔다. 1974년 10월 24일 동아일보 기자들은 '자유언론실천선언'을 발표하면서 박정희 정권의 인권유린과 민주화운동탄압을 적극적으로 보도하기 시작했다.

최대의 위기를 맞은 독재정권은 동아일보에 광고를 싣지 못하게 음모를 꾸몄다. 독재정권과 이에 타협한 동아일보 사측은 이듬해 3월 17일 160여 명의 민주 언론인을 강제 해직시켰다. 이후 동아일보는 유신독재에 침묵으로 일관했다. 이런 '관행'은 1977년부터 1978년까지 완벽하게 유지됐다. 강제 해직된 160여 명의 기자 중 113명이 동아자유언론수호투쟁위원회(동투)를 결성, 지금까지 정부와 동아일보사를 상대로 복직과 명예회복 투쟁을 해오고 있다.

1975년 3월 6일 조선일보 기자들은 자유언론선언문을 채택하고 제작거부에 들어갔다. 투쟁 결과 기자 33명이 강제 해직됐고, 이들은 조선자유언론수호투쟁위원회(조투)를 결성, 정권과 회사를 상대로 긴 투쟁을 벌였다.

민주언론을 향해 40년 넘게 계속되고 있는 동투와 조투의 투쟁은 눈물겹도록 치열하고 고난으로 얼룩져 있다. 그러나 이들을 강제 해직시킨 동아·조선일보사는 아직도 반성하지 않고, 거짓으로 역사를 기록하고 있다.

1974년 10월 24일자 동아일보 1면 '동아일보 기자 일동 자유언론실천 선언' 보도. 동아일보 편집국장 등이 밤늦게 정보부 조사를 받았다는 소식과 한국일보 기자들의 신문제작 거부 및 조선일보기자 일동의 언론수호 선언 소식도 함께 실렸다. (출처: 동아디지털 아카이브)

조선일보는 1975년 3월 11일자 조간 1면에 '신문제작 거부 사태에 관한 우리의 견해'라는 입장문을 싣고 같은 날 밤 7시 30분경 편집국에서 신문제작을 거부하면서 농성하던 기자 40여 명을 경비원을 동원해 회사 밖으로 몰아냈다. 조선일보 1면에 난데 없이 이런 장문의 '사고'를 1면에 실었는지 설명이 없는데, 이는 같은 지면 1면 하단에 실린 '불순분자 색출'을 예고한 '조선일보 독자 여러분께'라는 해명서를 함께 읽어야 이해된다. (사진출처 : 조선뉴스라이브러리 100)

민주화 저항 정점에서 맞은 박정희 피살, 두 신문의 유신체제 살리기

끈질긴 국민적 저항 속에 박정희의 유신독재는 부산과 마산의 민주봉기인 '부마항쟁'으로 결정타를 맞았다. 안가의 술자리에서 박정희는 김재규 중앙정보부장의 총을 맞고 절명했다. 독재가 종식되고 마침내 새 민주시대가 도래할 시기, 동아와 조선은 유신체제를 유지하기 위해 또 다시 곡필을 휘둘렀다.

동아일보는 박정희 피살 다음 날 '비상사태와 국민적 각오/ 박 대통령의 서거를 애도하며/ 자율적 질서유지를 당부한다'는 제목의 사설을 실었다. '국장일'에는 1면에 '고 박정희 대통령 국장 엄수'라는 기사를, 3면에는 '박정희 대통령을 장송함'이라는 사설을 내보냈다. 이 사설들에서는 박정희가 18년 장기독재 동안 저지른 수많은 인권탄압과 반민주·반민족적 폭정 등에 대해 한 마디도 언급하지 않았다.

조선일보는 박정희 피살 이틀 후 1면부터 7면까지 그에 대한 기사로 가득 채워 박정희 영웅화에 나섰다. 사설은 '국장일'에는 아예 평서문이 아니라 경어체로 썼다.

"오늘 3천 6백만 국민은 국장으로 고 박정희 대통령을 국립묘지에 모십니다. 옷깃을 여미고 경건한 마음으로 애도 드리며 삼가 명복을 비는 바입니다. 1917년에 태어나 62세를 일기로 세상을 떠나는 고인은 실로 '운명의 인(人)'입니다 …"

두 신문은 결국 '제2의 박정희' 전두환의 무자비한 정권욕에 멍석을 깔아 주었다. 전두환 정권 아래서 두 신문은 더 큰 번영을 누렸다.

제 5 장

군사 독재의
동반자

: 전두환·노태우 시대

사회적 약자에 대한 야만적 폭력성
: 사북항쟁에 대한 조선의 편파보도

1980년 4월 21일 강원도 정선에 있는 국내 최대 민영 탄광인 동원탄좌 사북영업소에서 광산 노동자와 경찰이 충돌하는 폭력사태가 발생했다. 어용노조 지부장이 경영주와 짜고 임금인상을 최소화 한 사실이 폭로된 것이다. 이는 제한된 노동 3권과 경찰 및 정보기관, 그리고 경영자와 어용노조가 한 편이 된 당시 노동현장의 모습이었다.

이 사건으로 경찰관 1명이 숨지고 1백여 명이 중경상을 입었다. 광산 노동자들은 경찰지서에 불을 지르는 등 치안 공백 상태가 계속되다가 24일 광원 대표와 정부 측이 협상 끝에 합의에 이르렀다.

그러나 조선일보는 합의 당일인 24일자 1면 머리에 '광부 3천5백 명 유혈 난동'이라는 제목으로 광산 노동자를 '폭도'로, 노동자들의 행동을 '생존권 투쟁'이 아닌 '난동'으로, 현장을 '죽음의 거리'로 묘사했다. 사진도 '광부 폭동현장'과 병원에 입원한 경찰관들을 대비시키는 일방적이고 편파적인 편집으로 사회적 약자에 대한 야만적 폭력성을 여과 없이 보여주었다. 합동수사단은 사태의 타결과 상관없이 광산 노동자를 무자비하게 체포·고문했다. 동아일보는 전반적으로 조선과 크게 다르지 않았지만 사북사태의 발생 원인을 짚는 등 그나마 차별을 보였다. 25일자 사설에서는 '사북 사태의 교훈'을 통해 근본적 문제를 지적하기도 했다.

광주 시민 두 번 죽인 조선일보, 신군부 충실한 대변인 동아일보

1980년 5월 21일은 시민군이 광주에서 계엄군을 몰아낸 날이다. 조선일보는 이날에도 광주 항쟁에 대해 일언반구 보도 하지 않았다. 조선일보는 5월 22일자 지면에야 '광주사태'를 처음으로 보도하면서 온통 왜곡 날조된 계엄사 발표로 채웠다. 최소한의 사실 확인조차 하지 않은 채 계엄사의 주장을 그대로 전해 마치 광주시민이 일방적으로 군경을 공격한 것 같은 착각을 일으키게 했다.

서울에서 내려온 학원소요 주동 학생들과 깡패들이 유언비어를 날조하여 광주시민들을 자극했으며, 북한의 간첩과 불순인물이 광주 항쟁의 배후인 것처럼 보도했다.

광주시민을 '폭도'로 매도하면서 '난동'이 계속되고 있다고 주장한 것이다. 5월 18일자부터 22일자까지 사회면(7면)에 실린 기사들은 날짜별로 상황을 보도했으나 광주시민의 저항을 '폭동'으로 전하고, 진압군의 잔악 행위 내용은 근거 없는 '유언비어'로 소개했다. 나중에 주필이 된 김대중 기자의 광주 르포 '무정부 상태 광주 1주'는 조선의 광주 왜곡 보도의 결정판이었다.

동아일보는 광주항쟁 기간인 5월 19일부터 5일 동안 사설을 뺀 채 신문을 발행했다. 동아일보의 자발적 사설 누락은 검열로 언론사의 주장을 펼 수 없던 상황에서 최소한의 양식을 지키고 싶다는 표현으로 볼 수

조선일보가 [광주=임시취재반] 이름으로 보도하기 시작한 1980년 5월 23일자 1면 머리기사. (사진출처: 민언련 조선동아거짓보도100년 아카이브)

있었다.

그러나 1980년 5월 31일 신군부의 계엄사가 10일 동안 국민을 상대로 살육전을 벌인 이른바 '광주사태의 전모'를 발표했을 때 동아일보는 이 발표 전문을 그대로 받아썼다. 그 발표 안에는 광주시민이 '폭도'로, 광주항쟁이 '난동' 혹은 '폭동'으로 명시돼 있었다. 또 광주항쟁의 배후를 '북괴의 간첩과 김대중'으로 적시한 것도 그대로 받아썼다.

군부독재의 친위대 조선과 동아일보

군사쿠데타는 사회 많은 분야에서 역사적 퇴행을 가져온다. 그러나 1980년 당시 언론은 신군부의 군사반란과 쿠데타에 침묵했고 왜곡과 날조로 정당화했다. 1980년 5월 22일 광주학살 수괴 전두환이 전역하자 조선일보는 "비리를 보고선 잠시도 참지 못하는 불같은 성품과 책임감, 그러면서도 아랫사람에겐 한없이 자상한 오늘의 '지도자적 자질'"이라며 3개 지면 전체를 할애해 낯 뜨거운 '전비어천가'를 읊어댔다. 1980년 8월 24일자 '새 시대 개막과 새 정치'라는 조선일보 좌담 기사에서는 "가장 잘 훈련·조직된 군부엘리트, 도덕성·성실성 높고 진취력 강해"라며 정치지도자로서의 전두환의 자질을 부각시켰다. 이러한 조선의 전두환 미화작업은 5공정권 말기까지 끊이지 않았다.

이에 반해 동아일보는 박정희 사후 헌정중단의 비상시국에서 직선제 개헌을 주장했고, 광주항쟁에 대한 '폭도', '난동' 등의 표현을 자제하며 그 기간 동안 사설을 싣지 않았지만 5월 31일 국보위 발족을 앞두고는 전두환의 친위대로 돌변했다. 전두환 전역 때 동아는 '새 시대가 바라는 새 지도자상'이라고 칭송했고, 대통령 취임에 즈음해서는 "사치를 모르고 물욕을 초월한 청렴결백한 생활로 일관했다"며 아부의 극치를 보였다. 동아는 충성경쟁에서 조선에 뒤진 상황을 만회하려는 듯 보였다.

조선일보 1980년 8월 24일자 조간 3면 정치부 기자 좌담 기사 '새시대 개막과 새정치/파워 엘리트 교체' (사진출처: 조선뉴스라이브러리100)

전두환은 이미 대통령이 된 것이나 다름없었다. 그는 대통령이 되기 위해 4성 장군에서 전역해야 했고 언론들은 그의 전역식 또한 '극진하게' 보도했다. 동아일보는 8월 23일에 열린 전두환의 전역식을 1, 2, 3, 7면에 걸쳐 내보냈다. 1면은 사진과 상찬을 곁들인 사진 설명, 2면의 통단 사설, '전비어천가'나 다름없는 3면의 대형 상자기사, 7면의 전역 현장 스케치 등을 실었다. (사진출처: 민언련 조선동아거짓보도100년 아카이브)

158

야만적인 국가폭력의 공범
조선과 동아의 삼청교육대 보도

삼청교육대 사건은 1980년 8월 국보위가 '사회악 일소'라는 미명하에 시국사범, 부랑자, 행려자 등을 마구잡이로 검거, 군부대의 가혹한 훈련을 받게 한 1980년대 최대 인권유린사건이다. 특별조치로 6만여 명이 연행됐고 그중 3만 9천 명이 삼청교육대로 넘겨졌다. 교육 또는 그 후유증으로 사망한 사람이 적지 않았고 살아남은 이들에게는 '삼청교육 이수자'라는 낙인이 따라다녔다. 애초부터 교육 대상자의 규정이 모호한 데다 경찰서별로 할당된 수를 채우다 보니 억울한 피해자가 많았고 정치보복이나 노동탄압에 악용되기도 했다.

조선일보는 8월 5일자 1면 머리에서 '전국 불량배 일제 소탕'이란 제목으로 삼청교육대를 정당화하고, 사설 '사회악 수술에 대한 기대'에서 "국보위의 이번 조치에 대한 기대는 바로 심층적이고 강력한 추진력에 대한 기대"라며 강하게 추동했다. 같은 날 동아는 2면 통단 사설에서 "사회기강과 안녕질서를 어지럽혀 오던 암적 존재인 폭력배 등 사회악이 그 뿌리를 송두리째 뽑히게 됐다"고 환영했다. 이어서 군부대를 방문, 취재한 동아는 8월 13일 사회면 상자기사로 '인간재생', '검은 과거 씻는 참회의 눈물'이라며 야만의 현장을 왜곡·미화했다. 2002년 의문사진상규명위원회 발표에 따르면 삼청교육대로 인한 사망자는 339명, 불구가 된 사람은 약 2,700명이다.

직선제 개헌 열망 엎으려는 정보기관 조작
—유성환 의원 국시파동

1986년 10월 14일, 제131회 정기국회 본회의에서 신한민주당(신민당) 유성환 의원이 대정부 질의에서 "우리나라 국시가 반공인데 그럼 1988 서울 올림픽 때 공산권 국가들이 참가하겠냐"며 국시는 "반공이 아닌 통일이어야 한다"고 질문했다. 이 발언에 집권 여당인 민주정의당(민정당)은 유성환 의원의 발언이 신민당의 공식당론인지 밝히라고 요구했고 신민당은 "우리의 통일이 자유민주주의 통일이어야 한다는 점을 명백하게 밝혔다"고 주장했다.

직선제 개헌 요구에 궁지에 몰린 전두환 정권은 이를 종북몰이로 탈출하려 했다. 서울지검은 하루 뒤인 15일 현역 유 의원을 국가보안법 위반으로 구속영장을 청구했다. 그리고 16일 밤 국회의장 이재형은 경호권을 발동해 야당 의원의 출입을 막은 채 유 의원의 체포동의안을 통과시켰다. 유 의원은 17일 새벽 2시 30분 구속됐고, 이는 국회의원이 회기 중 원내발언으로 구속된 최초의 사례였다.

이 국시파동은 대학가에서도 논쟁거리였다. 이에 대해 동아일보는 15일자 '대자보 어느 나라 것인가'라는 사설을 통해 "…대자보가 단순히 체제 논쟁이나 집회를 알리는 수단으로서 뿐만 아니라 북한의 주장을 전달하는 선전도구로서 우리 앞에 나타났다"고 비판했다. 동아일보는 또 유 의원의 발언에 대해 16일자 '안타까운 격돌정국' 제목의 사설에서

政府, 國會에兪議員체포同意요청

國會 금명 同意案처리 방침

國是는 反共보다 統一 주장

配布질문내용 保安法 적용

原稿 國會만 유출 免責特權 없다

新民 실력 저지 키로

동아일보 1986년 10월 15일 자. 유성환 의원 국시파동은 현역의원의 국회 발언에 대한 첫 구속조치였다. (사진출처 : 동아일보 네이버 아카이브).

"… 운운한 그 말 자체부터 앞뒤가 맞지 않는 무식한 발언이다"라고 유 의원의 발언을 맹비난했다.

　이 사건은 직선제 개헌 요구에 밀리던 전두환 정권의 안기부가 국면 전환을 위해 활용한 것으로 드러났다. 전두환 정권은 이 사건을 통해 신민당을 해산할 계획까지 세웠던 것으로 알려졌다. 유 의원은 1심에서 징역 1년을 선고받고 의원직을 상실했다. 그러나 고등법원에서 면책특권이 인정됐고, 1992년 대법원에서 무죄가 확정됐다.

62

최악 보도

국가의 인권유린 철저히 외면한 조선과 동아일보
: 부천서 성고문 사건

1986년 6월 발생한 부천서 성고문 사건은 경찰과 검찰의 부도덕성을 드러내 전두환 정권의 종말을 앞당긴 대표적 국가 인권유린 사건이다. 조선일보는 검찰 수사결과가 발표된 1986년 7월 17일자 사회면 머리에서 "'성적모욕' 없고 폭언 폭행만 했다"는 검찰 발표문을 제목으로 뽑았고, '부천서 사건 공안당국 분석'이라는 제목의 기사에서 "성까지 도구화 한 사건"이라는 검찰 주장을 그대로 실었다. '부천서 사건'이라는 제목에서 보듯, 축소·은폐 의도가 물씬 풍기고 '성의 도구화'라는 표현에서 피해자 인권을 또 한 번 짓밟았다.

동아 역시 검찰 수사 발표가 있기까지 이 사건을 사회면 1단이나 2단으로 축소해 보도했다. 7월 17일 사회면 머리에 올렸는데 기사 제목은 '검찰 성적 모욕 없었다' 발표/ '폭언·폭행 사실만 인정'으로 조선과 똑같이 '성폭력', '성고문'이라는 표현은 없었다. 동아 역시 제2 사회면에 '공안당국 분석'으로 "혁명을 위해서는 성도 도구화 했다"는 악의적 주장을 그대로 썼다.

범인 문귀동은 기소유예 처분을 받았다. 그러나 3년 뒤인 1989년 대법원은 문귀동에게 징역 5년의 실형을 선고했다. 후일 이 사건 관련해 촌지 수수까지 드러나자 기자협회는 1989년 1월 "저는 기자도 인간도 아니었습니다"는 기자의 증언과 함께 '촌지로 얼룩진 언론 왜곡의 전형'으로 규정했다.

안보 장사와 가짜뉴스의 산실
조선일보 '평화의 댐' 허위보도

'북한과 안보' 관련 이슈는 조선일보의 단골 메뉴이며 '사실 확인'이 어려워 왜곡·날조가 용이하다. 1986년 금강산댐과 평화의 댐 관련 보도 역시 그런 난점을 틈타 정부와 언론이 합작해 만든 대형 허위보도 사건이다.

1986년 10월 31일 첫 보도를 한 조선은 '악마적 기도', '북괴', '무기화', '물의 남침' 등 섬뜩한 표현으로 반북의식을 조장한 다음, "댐을 건설하여 충분한 저수능력을 갖추는 것도 적극적인 대처방안일 수 있을 것이다"라고 '대응댐' 건설을 주장했다. 동아도 같은 날 1·2·3면에 관련기사를 싣는 등 호들갑을 떨었다. 사설에서는 "200억 톤의 물이 담수되어 있는 상태에서 큰 홍수라도 날 경우 수위조절을 위한 평상의 방류만으로도 하류 수역의 피해는 가공할 만한 것이 될 수 있는 것이다"며 정부 논리를 그대로 복창했다. 정부는 11월 26일 '대응댐' 건설을 발표했고, 조선은 이른바 '평화의 댐' 건설을 강하게 촉진시켰다.

당시 학계는 "댐 높이나 저수량이 발전용량을 근거로 무조건 역산출한 것"이라며 과학성과 현실성이 없다고 문제를 제기했고 북한 또한 12월 25일 '금강산 발전소 건설에 관한 백서'를 통해 "남한 측에서 주장하는 수공위협은 터무니없다"고 강조했다. 하지만 이런 내용은 하나도 보도되지 않았다.

결국 조선의 보도는 세계의 조롱거리가 되었다. 이후 '평화의 댐'은 건설이 중단되고 엄청난 예산만 낭비하게 됐다. 1993년 6월 감사원은 "'평화의 댐'은 조작된 정보에 따른 것"이라는 감사결과를 발표했다.

'김일성 사망' 세계적 오보 낸 조선

1986년 11월 16일 조선일보는 세계적 특종이라며 '김일성 피살설'을 보도했다. 조선은 "김일성이 암살됐다는 소문이 15일 나돌아 동경 외교가를 한동안 긴장시켰다"고 최초로 보도한 데 이어 휴간일인 17일에는 아예 '사망'으로 단정해 호외까지 발행했다. 18일에는 총 12면 중 7개 면에 걸쳐 사망 배경, 국내반응, 특종에 대한 자화자찬 등을 대서특필했다. "이상 징후를 발견할 수 없다"는 평양주재 스웨덴 대사관의 발표, 확인된 정보가 없다는 미 국무부 브리핑 등은 단신으로 처리해 외면했다. 그러나 조선의 '특종'은 이틀 후 김일성이 평양공항에 나타나면서 세계적 오보가 돼버렸다.

그러나 조선은 오보를 넘어 전혀 확인된 바 없는 가짜뉴스였다는 것으로 판명된 후에도 단 한마디 사과나 반성도 없었다. 오히려 "수령의 죽음까지 고의로 유포하면서 그 무엇을 노리는 북괴의 작태"라며 적반하장(賊反荷杖)의 '북한 책임론'을 폈다.

동아는 조선보다 하루 늦은 17일자에 국방부 대변인의 말을 인용해 "북괴는 16일 전방지역에서 대남확성기 방송을 통해 '김일성이 총격으로 사망했다'는 방송을 실시했다"고 1면 통단으로 보도하고 관련 기사를 3면, 11면에 싣는 등 법석을 떨었다. 실제로 확성기로 방송이 되었는지에 대해선 어떤 확인 절차도 없었다. 결국 동아는 하루 만인 11월 18일

金日成 銃맞아 被殺

휴전선放送 列車타고가다 銃擊받았다.
전방 北傀軍 營內에 일제히 半旗올려
"軍部중심 심각한權力투쟁 진행중인듯

全前線서 업적찬양방송…… '金正日을 수령으로' 내용도 엇갈려

朝鮮日報
1986年
11月17日
號
外

조선일보가 '세계적 특종'이라고 자랑했던 '김일성 사망' 보도는 1986년 11월 16일자에 첫 보도가 나간 지 48시간 만에 '세계적 특종'이 아닌 '세계적 오보'로 확인됐다. 11월 16일자 조선일보 1면에 나온 '김일성 사망설'이 시발점이었다. 조선일보는 휴간일이던 11월 17일자로 '김일성 총맞아 피살'이라는 호외를 발간하기도 했다. (사진출처 : 자유언론실천재단)

社 説

異常한 집단의 異常한 작태
—中心을 갖고 金日成피격설 이후를 대처하자—

동아일보의 경우 '김일성 사망' 소식을 조선일보 보다 하루 늦게 보도했으며, 11월 19일자 2면에 '이상한 집단의 이상한 작태'라는 제목의 사설을 게재했다. (사진출처 : 민언련 조선동아거짓보도100년 아카이브).

자 1면 머리에 '김일성 평양공항에 나타나'라는 제목으로 정정보도를 실어야 했다. 그러나 동아 역시 11월 19일자 사설에서 '이상한 집단의 이상한 작태'라며 북한을 비난해 조선처럼 적반하장의 몰염치를 보였다.

낯뜨거운 민족지 논쟁

1985년 일어난 동아 조선 간의 민족지 논쟁은 뜬금없는 것이었다. 논쟁을 먼저 일으킨 쪽은 동아일보였다. 1985년 4월 1일자 창간 65주년 기념호 3면에서 고려대 명예교수 조용만의 기고문을 통해 조선일보를 '친일신문'으로 기술한 내용을 그대로 내보낸 것이 발단이었다.

그 기고문은 동아일보 창간의 시대적 배경을 설명하고, 일제의 조선 총독부가 민족진영의 동아일보와 함께 실업계 신문인 조선일보를 허가했다며 조선일보는 '실업 신문임을 위장한 친일신문'이라고 주장했다. 동아는 또 4월 12일자 6면 상자기사에 "동아일보는 반일신문이며 조선일보는 친일신문"이라고 주장한 일본의 한 우익신문 자료를 소개했다. 그러자 조선은 4월 14일자 3면에 선우휘가 쓴 '동아일보 사장에게 드린다'라는 다음의 글을 내보냈다.

"동아일보가 당시 민족주의자로 인정받아 민족주의 신문을 만들라고 허가받았다고 자랑하는 것은 웃지 못할 넌센스에 지나지 않는 것입니다. 오히려 오늘날 우리가 주목해야 할 사실은, 창간 후 조선일보가 재빨리 옳은 주장과 바른 기사를 써서 사흘이 멀다 하며 밥 먹듯이 압수와 정간을 당했다는 사실입니다."

민족지 논쟁은 서둘러 마무리됐지만 두 신문의 반(反)민족 역사를 잘 아는 이들로서는 어처구니없는 실소를 자아내는 일이었다.

지역감정 이용한 군정연장

1987년 13대 대통령선거에서 민주 진영이 패배한 가장 큰 원인은 물론 김대중과 김영삼의 후보 단일화 실패였다. 그러나 양측의 단일화 실패와 노태우 후보의 당선에는 조선일보의 총력지원이 큰 기여를 했다.

김대중 김영삼 양측은 몇 달간 실무협상을 벌였지만 진전은 없었고, 후보 단일화 약속시한인 9월 30일을 하루 앞둔 29일 협상은 실패로 끝나고 말았다. 조선일보는 단일화 실패 뉴스를 사설과 해설기사로 크게 다루는 등 두 사람의 대립을 부각하고 독자 출마와 갈등에 초점을 맞추기에 바빴다. 조선일보는 김대중과 김영삼이 돌아올 수 없는 다리를 건넜음을 재삼재사 강조했다. 혹시 돌아올까봐 조바심이라도 난다는 인상을 줄 정도였다.

지역감정을 노골적으로 부추기는 보도도 서슴지 않았다. 지역감정의 책임을 김대중과 김영삼에게 돌리면서 민정당 노태우 후보에 대해서는 일언반구도 없었다. 민정당 정권 때는 지역감정이 횡행하지 않았다는 억지까지 동원했다. 나아가 호남을 지역감정과 동일시하는 주장을 폈다. 유세장에서의 폭력을 과도하게 부각시켰고 KAL 여객기 피격과 김현희의 '북풍'으로 지면을 덮었다. 텔레비전의 편파적 방송도 극심했지만 조선일보 보도는 노태우에게 백만 원군으로 작용했고, 노태우는 당초 경합하리라는 예상을 깨고 일방적 승리로 대통령에 당선됐다. 이는 결국 군부정권 연장이라는 결과로 나타났다.

조선일보는 선거운동이 고비를 이루던 12월 5일자부터 11일자까지 '표밭칼럼'이란 기획물을 연재했다. 논설위원들이 지역 도시들을 돌며 현지 민심을 칼럼으로 반영했다. 이른바 '지역감정'에 대한 현장 취재였다. 이중 조선일보의 대표적 논객인 김대중은 광주·전주에서 쓴 칼럼을 통해 호남을 지역감정과 동일시하는 주장을 폈다. 1987년 12월 6일자 5면에 보도된 그의 칼럼 '피해 극복의 논리'가 그것을 잘 보여준다. 그는 지역감정이 "호남인의 가해와 피해의 논리에서 출발한다"고 말했다. 지역감정은 곧 호남인의 피해의식이며, 지역감정=호남인의 등식이 성립한다는 논리다. (사진출처 : 민언련 조선동아거짓보도100년 아카이브)

67

5공 언론 청문회,
'독재 부역' 반성 없는 조선·동아일보

1988년 4월 총선으로 조성된 '여소야대 국회'에서는 청문회 등을 신설한 국회법 개정안이 통과돼 전두환 정권의 비리를 파헤치는 청문회가 열렸다. 청문회를 통해 다루어진 의제는 광주학살과 신군부의 책임, 김대중 내란음모 사건, 전 대통령 전두환 친인척 비리, 정경유착, 1980년 언론 통폐합 및 기자 강제해직의 진상규명 등이었다.

이 중 언론 청문회의 하이라이트는 12월 13, 31일에 열린 4개 언론사 사주들을 상대로 한 청문회였다. 조선일보는 12월 14일자 3면에 1차 신문사 사주 청문회의 이모저모를 전하는 기사 '특정 증인에 집중 공세 비난 전화 빗발'을 내보냈다. 일부 의원이 거의 고의로 보일 정도의 편파적 신문으로 일관하는 문제점을 드러냈다는 것이다.

조선은 자사의 1980년 보도를 추궁하는 의원들의 신문에 "조선일보 편집국에는 독자들의 전화가 빗발쳤다. 대부분 독자들은 1980년 당시 불가항력적인 상황에서 대부분의 신문들이 조선일보보다 미온적인 보도가 더 심했는데 유독 70년 전통을 갖고 있는 조선일보만 비난하고 있는 저 사람은 과연 누구냐라거나 '정치인이 저렇게 지역감정을 부추길 수 있느냐'고 분노를 표시했다"는 식으로 본질을 호도하기에 급급했다.

신문사 사주들을 상대로 한 청문회가 12월 31일 다시 열렸지만 다음 날짜 신문에서는 그 소식을 단 한 줄도 찾아 볼 수 없었다.

현대중공업 파업,
노노갈등 조장한 조선의 왜곡보도

1988년 6월 현대중공업 노사는 136개 쟁점 사항에 대해 6개월간의 협상에도 합의에 이르지 못하자 노조가 12월 12일 총파업에 들어갔다. 그런데 1월 8일 회사 측 구사대가 파업 노동자들에게 폭력을 휘두르는 사건이 발생했다. 조선일보는 1월 10일 사회면 머리에 '현대 노조원 피습 회사 관련 수사'라는 제목으로 8일 테러소식을 전했다. 그러나 1월 14일 해설기사에서는 "온건 노조세력이 장기파업에 염증을 느껴 강경세력을 습격했을 가능성도 있다"는 묘한 뉘앙스를 풍겨 보도했다. 이후 1월 22일에는 15면 귀퉁이에 구사대가 경찰과 식사한 사실과 검찰이 그룹차원의 사전 모의에 의한 것이었는지를 캐고 있다는 소식을 전하면서도 전날 현대중공업 경비대가 식칼과 쇠파이프를 휘둘러 노조원 60여 명이 중경상을 입은 2차 테러 사실은 묵살했다.

3월 15일자 사회면에는 '이사 등 60명 감금·폭행/ 현대중 조업 방해 각목 휘둘러 24명 부상/ 5명엔 막걸리 붓고 1시간 동안 구타' 등 주로 노조의 폭력성에 초점을 맞춘 기사들이었다. 3월 30일 경찰의 강제진압으로 109일 만에 막을 내렸다. 조선은 31일 사설에서 노사 모두를 꾸짖는 양시양비론으로 마무리 지었다. 후일 현대중공업 사측, 안기부, 문공부 등이 언론사 간부들과 집단접촉을 벌였고 현장 기자들이 회사와 경남도지사로부터 거액의 촌지와 향응을 받은 사실이 드러났다.

사회적 약자에만 칼 들이대는 동아
: 서울지하철 파업 편파보도

파업은 헌법이 부여한 기본권이며 노동자 스스로 권익을 보호하기 위한 마지막 수단이다. 그러나 조선과 동아는 노사쟁의가 일어나면 어김없이 파업노동자들을 '폭력과격집단'으로 매도하고 파업으로 인한 시민들의 불편, 경제에 미치는 영향을 강조하면서 반노동자 여론을 만들어냈다.

1989년 3월 16일 서울지하철노조 파업에 동아일보는 파업돌입 전부터 경고하고 나섰다. 동아는 파업 하루 전인 15일자 사설에서 "권리란 무한추구가 가능한 가치가 아니라 칼집 속에 들어있는 칼처럼 지닌 사람의 무게를 지켜주는 장식"이라며 "꼭 쓸 때가 아닌 경우에 빼어드는 칼은 칼이 아니라 자칫하면 흉기가 될 수도 있지 않겠는가"라고 우려부터 앞세웠다. 파업 첫날인 16일자 1면 머리는 '지하철 파업 30명 구속방침', '농성 2,100명 연행 집행부 7명 사전영장' 등 노조를 겁박하는 내용으로 채워졌고 같은 날 사회면 머리에는 '묶인 시민의 발 … 출근 대혼란', '버스 정류장 장사진 … 발만 동동' 등 시민불편 사항을 중점적으로 쏟아 낸 반면, 파업의 원인과 당위성에 대한 기사는 동아의 지면 어디에서도 찾아볼 수 없었다.

전교조에 대한 조선·동아의 뿌리 깊은 적개심

1989년 5월 28일 전국교직원노동조합이 출범했다. 언론은 전교조를 부정적 시각으로 보도하면서도 적은 지면을 할애해 윤영규 위원장의 인터뷰 기사를 싣는 등 나름 형평성을 유지하려 했다. 그러나 조선만은 전교조의 정당한 주장을 일체 기사화하지 않은 채 적대적 논조로 일관했다. 게다가 조선은 색깔론까지 들고 나왔다. 조선은 전교조 활동을 일부 운동권 교사들의 이념화 작업으로 매도했다. 1989년 5월 26일자 '학부모들의 우려'라는 사설에서 일부 학교의 어머니회가 제기한 문제를 열거한 뒤 "(자유민주주의의) 이념과 체제를 옹호하는 교육을 받기를 원하는 것은 학부모들의 당연한 권리"라며 색깔론을 폈다.

전교조 출범 후 조선은 5월 30일자 사설 '학교가 싸움판 안돼야―전교조 결성의 파문'에서 "그러나 그것(법의 규제)을 모를 리 없는 교육자들이 불법을 저질렀다는 사실이 중시되어야 한다"며 '불법성'을 강조했다. 동아일보의 태도 역시 조선과 크게 다르지 않았다. 동아는 전교조 출범 전날인 27일자 사회면 머리에서 "'강행' '봉쇄' … 긴장의 서울 주말', '어떤 저지 있어도 행사 치러: 교원노조', '불법 단정 … 참가자 전원연행: 경찰'이란 제목으로 전야제를 싸움판 분위기로 전하다가 30일 사설에서는 '교육은 투쟁이 아니다―정치권 차원의 결연한 개혁 의지를'에서 동아의 전교조 반대 시각을 분명히 드러냈다.

3당 야합, 합리화 한 조선일보

1990년 1월 22일 민주정의당, 통일민주당, 신민주공화당이 3당 합당 공동선언문을 발표했다. 조선일보는 1월 23일자 1면 머리에 이 소식을 대서특필하고 2~6면에 관련 기사를 실었다. '정계 대개편에 대한 당부' 라는 통단 사설, '여야 통합' 헌정사상 최대변혁/개헌선 넘은 대여 '정치의 힘' 발휘/ 호남세 영입여부 '당위성 판가름' 등의 제목으로 '통합정국' 시리즈 1면을 시작했다.

그러나 조선의 지면 어디에도 3당 합당에 대한 비판이나 우려의 목소리는 찾아볼 수 없었다. 게다가 조선은 1월 23일자 사설에서 3당 야합을 합리화하는 반면, 고난 속에 야당의 지조를 지켰던 평민당을 '김대중 개인당'이라면서 "운동권과 제휴해 장외투쟁을 벌이는 유혹에 빠지는 것은 평민당을 더 곤란하게 만드는 것"이라고 훈계했다. 이후 조선은 15인 청와대 오찬 이모저모를 전했다. '노 대통령 "우리가 해냈지만 세계사에도 기록적인 일"', 'YS, 언론 염두 입조심 당부, JP는 동질화 거듭 강조' '우리 호칭 서툴러 폭소도' 등등 잔치 분위기 모습으로 전했다.

3당 합당은 민주화 세력의 영구 분열, 호남의 고립으로 나타났다. 조선일보는 노태우 정권 내내 학생과 재야의 민주화운동을 극렬히 비난하면서 '공안정국' 조성의 확성기 노릇을 했다.

한국판 드레퓌스 사건
: 조선의 유서대필 의혹 조장

1991년 봄, 공안통치에 반발해 시위에 앞장섰던 명지대 강경대 군이 경찰의 집단구타로 숨지자 학생과 노동자들은 정권타도를 외치며 연일 목숨을 던졌다. 이 '분신정국' 속에서 어버이날(5월 8일) 김기설 전민련 사회부장이 서강대 옥상에서 투신해 숨졌다. 공안당국은 '자살을 부추기는 조직적 사건'으로 몰아갔다. 이른바 '유서대필 조작사건'이다.

조선은 교묘하게 지면을 구성해 '대필 분위기'를 조성했다. 5월 9일자 사회면에 김기설 분신 보도 아래로 '"분신현장 2~3명 있었다" : 목격 교수 진술/ 검찰, 자살 방조여부 조사'라는 검찰발 기사를 실었고, 왼쪽에는 '죽음을 선동하는 세력이 있다'는 박홍 전 서강대 총장의 기자회견을 5단에 걸쳐 실었다. 그러나 동아는 사회면에 "옥상엔 혼자 있었다"는 서강대 운전사의 경찰 진술과 "2~3명 있었다고 말한 적 없다"는 목격 교수들의 증언을 실어 조선과 대조를 이뤘다. 이후 조선은 검찰 발표는 '크게', 전민련 발표는 '작게' 지면을 구성했고, 5월 19일에도 '"김기설씨 유서 필적 다르다" 검찰−대필 용의 20대 전민련 간부 추적'이라는 기사로 의혹을 증폭시켰다. 당시 이 사건의 필적감정을 맡은 국과수의 김형영은 허위감정과 뇌물수수로 세 번이나 구속됐던 인물이었다. 결국 강기훈 씨는 '유서대필 및 자살방조' 혐의로 징역 3년을 살고 만기 출소했다.

조선일보는 1991년 5월 10일자 사설 '박홍 총장의 경고'에서 "자살과 시신을 이용해서 목적을 달성하려는 죽음의 세력이 있다면 생명의 존엄성을 유린하는 점에서 결코 용납될 수 없다"고 주장했다. (사진출처: 민언련 조선동아거짓보도100년 아카이브).

2007년 '진실·화해를 위한 과거사정리위원회'는 국가 사과와 재심을 권고했고, 2015년 5월 14일 대법원은 강씨에게 무죄를 선고했다. 강기훈 씨는 24년 만에 누명을 벗었지만 몸과 마음은 만신창이가 되어 있었다. '죽음을 사주한 패륜아'로 몰아 한 청년의 인격과 명예를 무참하게 짓밟은 조선은 이후에도 반성이나 사과 한 마디 없었다.

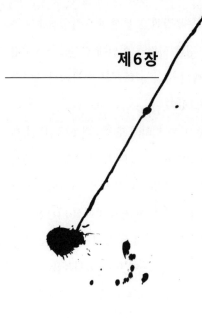

제 6 장　　　　**'우리가 남이가'**

: 김영삼 시대

'초원복국집' 사건으로 위기에 빠진 여당, 편파와 요설로 되치기 한 조선일보

1992년 12월 11일 김기춘 전 법무부장관은 부산 초원복국집에서 부산시 기관장들을 모아놓고 "부산·경남 사람들 이번에 김대중이 정주영이 어쩌니 하면 영도다리에서 콱 빠져 죽자", "하여튼 민간에서 지역감정을 좀 불러 일으켜야 돼"라고 다그쳤다.

그런데 이 대화 내용이 정주영 후보 측에 의해 도청되어 12월 15일 세상에 공개되면서 선거판이 발칵 뒤집혔다. 조선은 12월 16일 사설에서 "공식적인 대책회의라기보다는 김기춘 전 법무부장관의 초대에 의한 회동이었을 수도 있다"고 방어막을 치면서 "특정 지역의 핵심 기관장들이 회동을 가짐으로써 대외적으로 관권개입의 의혹을 샀다"고 주장했다.

명명백백한 '관권개입'을 조선은 '의혹을 산 것'으로 마사지해 사안의 무게를 떨어뜨린 것이다. 게다가 이 사설은 "정보기관 책임자들의 언행이 일반인에 노출돼 녹음 상태로 공개됐다는 것은 여간 심각한 일이 아니다"고 주요쟁점을 '도청행위'로 돌리는 마술을 부렸다.

마술이 통했는지 선거는 김영삼의 승리로 끝났다. 검찰은 초원복국집 회합을 '사적 모임'으로 규정해 참여한 기관장들을 무혐의 처분했고 모임을 주도한 김기춘만 불구속 기소했다. 이후 1994년 헌법재판소는 대통령선거법 제36조가 표현의 자유와 참정권을 제한한다며 위헌결정을 내림으로써 김기춘 재판은 공소가 취소됐다.

74

북한의 '서울 불바다' 발언 보도, 거두절미한 과장·왜곡의 전형

1994년 3월 북미 핵 협상 당시 한미는 팀스피리트훈련 재개, 패트리어트미사일 배치 등으로 북한을 압박했다. 북한은 3월 19일 특사교환 실무접촉에서 이를 '전쟁선언'이라고 강력히 반발했다.

이에 대해 조선일보는 북한의 발언 중 선후 관계를 빼고 '서울 불바다' 발언만을 집중 부각시켜 전쟁 분위기를 만드는 데 앞장섰다. 특히 3월 22일 사설에서는 "동맹 관계보다 민족이 우선한다"는 우리 정부 입장을 '아마추어적'이라고 비난하며 강경 대응을 종용했다. 뿐만 아니라 3월 24일 1면 머리에서는 익명의 취재원을 근거로 "(북한이) 주민들에게 폭탄 주머니를 차고 다니게 하고 전쟁 지도를 지급하는 등 전쟁 분위기를 조성하고 있는 것으로 알려졌다"고 선동했다. '민족'의 안위보다 돈벌이에 연연하는 조선일보의 얄팍한 '안보장사치' 속성을 그대로 보여준 것이다.

동아도 질세라 3월 20일자 1면 현장 스케치 기사 '전쟁 나면 서울 불바다 북 단장 폭언/ 남북 실무접촉 험악한 분위기'에서 '서울 불바다' 발언을 부각 시키고, 22일자 사설에서는 "북한이 '전쟁 불사'라고 위협하고 있는 마당에 정부가 남북대화 우선 정책을 전면 재조정하고 있는 것은 당연한 수순이다"고 주장했다.

매카시스트 박홍의 위험한 주사파 발언, 적극 지지한 조선일보

1994년 7월 8일 김일성 사망 후 남한은 '조문파동'으로 몸살을 앓고 있었다. 이 와중에 7월 18일 '청와대 오찬'에서 서강대 박홍 총장은 대학 내에 주사파가 깊이 침투해 있다며 "주사파 뒤에는 사노맹이, 사노맹 뒤에는 사로청, 사로청 뒤에는 김정일이 있다"고 발언을 했다. 조선일보는 다음날(19일) 1면 머리에 '좌경학생 단호 조처'라는 제목으로 김영삼 대통령의 입장을 전하고 2면에 박홍 발언을 그대로 실었다. 이어서 7월 21일 사설에서는 "박홍 총장은 용기 있는 지성인 역할을 했다"고 칭송하고, 시론 '끌려 다니는 지식인, 뒷북만 치는 정부, 주사파의 천국-한국대학'에서는 박홍 발언에 동의하지 않는 이들을 사상이 의심스럽거나 용기 없는 지식인으로 매도했다.

많은 사람들이 "증거를 대라"는 요구에 "친북세력이 스스로 그러함을 자인하고 있는 상황에서 무슨 증거가 필요하다는 것인가"라며 증거 무용론을 펼쳤다. 그리고 7월 27일자 사설에서 "갈릴레오가 아무리 입을 다물어도 지구는 둥글다"면서 "박 총장의 입을 다물게 해도 주사파의 존재를 지울 수는 없다"고 막무가내로 박홍을 비호했다.

박 총장 발언의 피해 당사자인 한국통신 노조는 4년 뒤인 1997년 5월 12일 7천만 원의 배상 판결을 받아냈다. 그러나 이를 의도적으로 확대 재생산한 조선일보는 어떤 사과도 하지 않았다.

대형 오보를 무릅쓴 조선의 안보장사
: '성혜림 망명' 허위보도

조선일보가 '세계적 특종'이라고 자랑한 '김정일 본처 서방탈출' 보도는 5개월여 만에 허위로 확인됐다. 안기부 당국자는 성혜림이 망명하지 않았다는 것은 애초부터 확인된 상태였다고 했다. 그러나 조선은 월간조선 취재내용을 토대로 1996년 2월 13일부터 김정일의 본처 성혜림이 망명한 것으로 보도했다. 그리고 '김정일 후처들이 괴롭혀 결행'(2월 13일자 3면), '김정일 여성 편력에 가슴앓이'(2월 14일자 2면) 등 선정적인 제목으로 망명 배경을 설명했다.

더욱이 조선은 "엄마 보러 모스크바로 갈게요"(2월 13일), "오지 마, 나 지금 무슨 계획 있어", "평양에는 안 들어가 … 나 갈 데 있어"(2월 14일) 등 마치 망명 의사를 밝힌 듯 긴박한 분위기로 흥미를 유발시켰다.

'성혜림 망명' 보도는 국민의 안보의식을 악용해 오보를 무릅쓰고라도 '안보팔이'를 한 안보상업주의의 대표적 사례다. 이 보도와 관련한 조선노보의 반응 또한 개탄스러웠다. 2월 16일자 제340호 조선노보는 '넉달 지킨 특종 '마지막 순간'에…'라는 제목으로 특종을 치켜세우고 자사 보도를 베낀 경쟁지의 행위를 질타했다.

그러나 한국기자협회는 2월 29일 이 특종에 대해 "선정적이고 더 나아가서는 냉전적"이라며 "총선을 앞둔 언론의 반북소동을 의아스런 눈으로 바라보는 것도 무리가 아니다"고 비판했다. 이에 대해 3월 8일자 조선노보는 "특정한 매체에 맹목적인 혐오감을 가진 필자가 개인적인 감정을 '논설'의 형식으로 쏟아낸 것"이라고 비난했다. 그러나 이 보도가 오보로 밝혀진 뒤 조선일보도 조선노보도 사과나 반성이나 문제제기는 없었다.

한보사건 덮은 '황장엽의 주사파 리스트', "아니면 말고"의 대형 오보

한보사건으로 김영삼 정권이 곤경에 처해 있을 무렵인 1997년 2월 12일 황장엽 전 북한노동당 국제담당 비서가 망명했다. 6·25전쟁 이후 북측 최고 거물의 망명에 국내 언론은 발칵 뒤집혔다. 조선일보는 2월 13일 황장엽으로 지면을 도배했다. 한·중 협상 끝에 필리핀에 한 달 남짓 있다가 4월 20일 서울에 도착한 황장엽을 조선일보는 대대적으로 환영했고 그 여파로 한보사건은 어물쩍 옆으로 밀렸다.

조선은 4월 22일자 1면 머리에 "황씨 논문 '조선문제' 단독 입수"라고 밝힌 뒤, '북핵·화학·로켓무기로 남한 초토화할 수 있다'는 제목을 먹컷으로 뽑았다. 그러나 조선이 뽑은 기사는 '무력통일 의심하면 머저리 중 상 머저리', '개방 유도 땐 오히려 우환 … 붕괴시켜야' 등으로 제목만 보아도 황장엽은 '평화통일'과 어울리지 않는 인물이었다. 실제로 해외언론은 황장엽의 논문과 조선 보도에 의혹을 제기했다. 4월 23일자 뉴욕타임스와 워싱턴포스트는 황장엽이 내밀한 군사정보를 알 수 있는 신분이 아니라는 것과 조선이 논문 입수의 경위를 밝히지 않았다고 지적했다.

조선은 '정부 내 친북세력 색출 시사'(4월 23일자)에서 황장엽 리스트를 기정사실화 했지만 황장엽 리스트는 결국 없는 것으로 밝혀졌고 정치권은 물론 국제엠네스티도 황장엽 리스트 악용 반대 입장을 폈다. 결국 조

'정부내 친북세력 색출 시사' 제목의 기사가 실린 1997년 4월 23일자 조선일보 1면. 이 기사에 따르면 '황장엽 리스트'와 관련, 권오기 부총리 겸 통일원장관이 "종이에 적은 명단이 있는 것은 아니나 황(黃)씨가 북한 고위층 출신으로 많은 이름을 알고 있을 것"이라고 말해 리스트가 만들어질 가능성을 시인했다는 것이다.

선은 '주사파 리스트'에서 범한 우를 다시 한 번 반복한 셈이다. 이 사건으로 한보비리는 언론의 주목에서 묻혀 버렸다.

조선 동아 100년을 말한다

이석현 의원 명함파동,
조선일보의 무차별 색깔공세

1997년 8월 김대중 후보 비서 출신 이석현 의원의 명함파동은 조선일보의 무차별적 색깔 공세에 우리 사회와 정치권이 얼마나 취약한지를 증명해 준 대표적 사례다. 8월 21일자 조선일보는 사회면에 "국민회의 이석현 의원이 최근 미국 방문 중 국호를 '남조선'이라고 병기한 명함을 사용, 파문이 일고 있다"고 보도했다. 이에 이석현은 "외국에 나갈 때 7개 국어를 넣은 국제명함을 제작했고, 일어로는 서울(한성), 중국어로는 한국(남조선) 등 현지에서 일반적으로 사용되는 표현을 병기해놓은 것"이라고 해명했다. 그러나 조선일보는 8월 20일자 사회면에서 '남조선 국회의원'이라는 제목으로 문제를 제기하고, 사설에서는 "국회는 제명도 불사하는 단호한 징계를 내려야 할 것"이라고 종북몰이 마녀사냥에 나섰다. 그런데 이 의원은 보도되기 전 기자와 논설위원에게 충분히 설명했고 본인들도 수긍했다고 했다. 결국 조선은 사안의 본질, 당사자의 의도 등에 대한 아무런 설명없이 고의로 여론을 오도하고 마녀사냥식 단죄를 내린 것이다.

결국 조선일보의 공세에 견디지 못한 국민회의는 '빨갱이 의원'으로 낙인찍힌 이석현의 출당을 결정했고, 8월 29일 이 의원은 "본의 아닌 실수로 당에 누를 끼쳤다"며 눈물로 자진 탈당을 발표했다. 후일 이 명함파동은 권영해 안기부장이 주도한 정치공작이었음이 드러났다.

정파에 따라 변하는 카멜레온 조선일보
: '양심수 사면' 관련 보도

15대 대선을 앞둔 1997년 10월 31일 광주 TV토론에서 김대중 후보는 "집권하면 조국을 사랑했다는 이유로 구속된 이들 중에서 공산주의자가 아닌 사람들을 사면하겠다"고 말했다. 이에 조선일보는 11월 1일자 1면에서 'DJ 집권하면 양심수 사면 … 검찰 안기부 긴급회의'로 분위기를 잡은 뒤, 11월 2일에는 '양심수 사면 파문확산 … 사법판단 부정한 셈'이라는 제목으로 공격의 포문을 열었다. 조선은 11월 2일 '디제이 양심수론'과 6일 '양심수 재론'의 사설을 통해 "양심수 논란에 전 국민이 참여해서 끝까지 논쟁할 것"을 제언했다. 그러나 조선은 같은 날 "진정한 의미의 양심수라면 정치인 사면과 균형을 맞추어야 한다"고 한 이회창 후보의 평화방송 발언에는 애써 침묵했다. 정파에 따라 시시각각 바뀌는 카멜레온 보도의 전형을 보여준 것이다.

외환위기 은폐했던 조선,
정부와 국민, 야당에 책임 전가

1997년 대한민국을 파멸로 몰아넣은 외환위기는 1997년 초부터 감지되었다. 1월 7일 현대경제사회연구원은 "한국 경제가 1994년 멕시코의 외환위기 때와 비슷한 방향으로 움직이고 있다"고 밝혔다. 1월 7일자 프랑스 르몽드도 "멕시코에 이어 한국은 지금 심각한 사회적 위기에 처해 있다"고 강조했다.

그러나 조선일보는 이러한 진단이 나올 때마다 일관되게 "한국경제 위기 아니다"고 주장했다. 특히 조선은 르몽드 기사에는 일언반구도 없는 '노동계 파업'을 운위하면서 왜곡과 날조를 서슴지 않았다. 조선은 IMF총재 캉드쉬와 2차례 인터뷰(1997년 3월 8일과 9월 18일), 주한외국 금융기관장 30명의 설문조사 결과(1997년 9월 11일)를 보도하면서도 "위기 아니다"는 주장을 되풀이했다. 11월 3일 블룸버그통신이 한국의 외환위기를 긴급으로 전 세계에 타전했지만 조선은 11월 10일자 사설에서 '외국의 한국경제 때리기'로 치부했다.

김영삼 정권은 결국 11월 14일 'IMF행'을 결정했고, 16일 비밀리에 외환상황을 브리핑 받은 캉드쉬는 대통령 후보 동의서까지 요청했다. 늦게 낌새를 눈치 챈 조선은 11월 16일자 사설에서 "우리나라는 신용위기에 몰려있는 것 같다"고 인정했다. 그런데 신임 부총리 임창열이 21일 밤 긴급구제금융 지원을 요청한 사실을 발표하자 조선은 22일 "나라 망신

타이밍도 놓쳐", "경제 다 망쳐놓고"라며 정부를 가장 강도 높게 비난했다. 그리고는 정치지도자, 은행, 공무원, 소비자, 노동자, 심지어 국민들까지 '너무 먹는다'고 비난했다. 코앞에 닥친 위기를 무려 1년 가까이 정부와 짜고 은폐했던 조선이 반성은커녕 모든 책임을 정부와 국민에게 돌린 것이다.

조선 동아 100년을 말한다

남이 하면 '매국' 내가 하면 '애국'
: IMF 재협상

1997년 12월 3일 김대중 후보는 IMF가 요구하는 서약서에 서명하면서 다른 후보와 달리 대량실업과 연쇄 도산 방지를 위한 추가 협상 의지를 밝히는 공문을 김영삼 대통령에게 보냈다. 이 재협상론은 대통령 선거에서 주요 쟁점이 됐고, 여기서 조선일보의 오만과 말 바꾸기가 드러났다.

조선은 1997년 12월 7일 대선후보 TV토론에서 김대중, 이인제가 재협상 필요성을 시사한 것에 대해 연일 비판했다. 12월 9일과 11일에는 '재협상의 위험', '불신 심화시킨 재협상론'이라는 사설을 실었다. 이 사설에서 조선은 아시안 월스트리트 저널 기사를 인용해 "한 야당 대선후보가 제기한 재협상론은 … 외국 투자자들로 하여금 한국 정부가 구조개혁을 신속하고 완전하게 실행하지 않을지도 모른다는 우려에 빠지게 했는데 이런 우려감은 김대중 씨가 IMF조건들을 하나하나 재검토하겠다고 발언함으로써 더욱 증폭되고 있다"고 비판했다.

그러나 재협상론은 사실상 조선일보가 먼저 제기한 것이다. 1997년 12월 2일자 사설 'IMF라는 한파'에서 조선은 "은행융자에 대한 통제는 우리 경제의 숨통을 끊는 결과를 빚을까 염려되는 것이다. 정부 당국자와 IMF측과의 추후협상이 요구되는 대목이다"라며 재협상 필요성을 분명히 밝힌 바 있다.

그런데 대선 직후 조선일보는 또다시 입장을 바꿔 IMF 요구사항을 "즉각 실천해야 한다"(1997년 12월 24일 김대중 칼럼)고 주장했다가 1998년 1월에 또 그것을 뒤집었다. 1월 18일 '가혹한 빚쟁이'에서 조선은 "외채 상환 연장 협상은 순리에 맞게 해야"라고 주장했다. 언론이 나라의 중요한 경제정책에 대해 이토록 태도가 변화무쌍한 것도 위험한 일이지만 그 이유가 오직 정파성 때문이라는데 더 큰 심각성이 있다고 할 것이다.

제7장   **개혁 정부 죽이기**

: 김대중·노무현 시대

조선의 개혁정치인 죽이기
: 1989년 '조평사태' 1991년 요트 왜곡

조선일보는 개혁적 정치인에 대해서 초반부터 왜곡·편파보도로 싹을 자르는 만행을 일삼았다. 1989년 김대중 평민당 총재의 유럽방문에 대한 왜곡보도를 놓고 조선일보와 평민당의 이른바 '조·평 사태'가 벌어졌다. 평민당은 '조선일보 허위 왜곡 보도대책위'를 구성해 무려 87억 원의 손해배상 소송을 제기했다. 이에 조선일보는 언론탄압이라고 맞서다 결국 평민당은 소송을 취하하고 타협하는 선에서 끝났다.

조선일보는 노무현도 타킷으로 삼았다. 1991년 주간조선은 노무현 변호사를 요트를 타는 돈 많은 변호사로 왜곡 보도했다. 노무현은 조선일보와 전쟁을 선포하고 치열하게 싸웠다. 노 의원은 조선일보를 상

'통합야당 대변인 노무현 의원, 과연 상당한 재산가인가'라는 기사가 실린 1991년 10월 주간조선 신문광고.

대로 민형사소송을 제기했고, 민사1심에서 승소했다. 조선일보의 사과에 노 의원은 모든 고소를 취하했다. 그러나 2002년 대통령 선거를 앞두고 이 기사를 쓴 우종창 기자는 "주간조선이 항소하자 노 후보 측이 화해하자"고 했다고 거짓 발언을 했다.

이 문제가 다시 논란이 되자 조선일보 방상훈 사장은 "내가 먼저 노 후보를 만나자고 해 사과했다"고 잘못을 인정했다. 이 과정을 담은 〈노무현은 왜 조선일보와 싸우나〉라는 책까지 나왔다.

대통령이 된 노무현은 2007년 기자실을 폐쇄하는 등 언론개혁에 나섰지만 실효성 없는 조치로 결국 조선일보와 싸움에서 이기지 못했다. 조선일보의 아집은 집요했다. 주간조선은 2006년 9월 '봉하마을 노무현 타운 6배로 커졌다'라는 소위 '아방궁 논란'을 다시 일으키며 왜곡 보도를 이어갔다. 조선일보는 2007년 9월 10일 '노무현 타운이다'라는 사설에서 "편협한 활동으로 국민의 혐오를 산 노사모가 앞으로 1만 평짜리 노무현 타운에서 보란 듯이 파티를 열 모양"이라고 왜곡 주장했다.

노무현 왜곡 보도를 일삼던 우종창 기자는 조선일보 퇴사 후 극우 유튜버로 활동하면서 조국 민정수석에 대해 왜곡 보도를 하다 2020년 7월 17일 명예훼손으로 8개월 실형을 선고받고 구속됐다. 재판부는 "언론인으로 최소한의 사실 확인조차 하지 않았다"고 판결했다.

자의적인 사상검증과 종북몰이
: 1998년 최장집 사상검증

조선일보는 1997년 대선에서 이회창 대통령 만들기에 나섰지만 실패하자 김대중 대통령 주변에 대한 종북몰이를 시도했다. 1998년 월간조선 11월호와 조선일보(10월 21일자) 김대중 대통령정책기획위원장 최장집 고려대 교수의 '최장집 교수의 충격적 6·25 전쟁관' 보도가 그 시작이었다.

1998년 10월 24일자 조선일보는 '김일성의 남침전쟁이 어찌 민족해방전쟁인가'라며 김대중 정부 주변 인사에 대한 사상검증에 나섰다.

이미 조선일보는 김영삼 정권에서 한완상 통일부총리와 한국외국어대 이장희 교수에 대한 사상검증을 시도한 바 있다. 조선일보는 논문 전체 맥락을 보지 않고 특정 대목만 확대·왜곡하는 수법으로 종북몰이에 나서고, 자의적으로 사상검증을 하는 악습을 가지고 있다. 최장집 교수 사상 검증도 악의적 인터뷰와 최 교수의 논문을 '거두절미'해 왜곡 보도하는 수법을 썼다. 조선일보의 사상 검증은 황태연 대통령 정책자문위원으로 이어졌다. 결국 황 위원은 사퇴하고 말았다.

조선일보의 이런 악습은 많은 언론중재위 반론 보도 결정과 손해배상 패소에도 불구하고 지금까지도 버리지 못하고 있다.

민족 분열과 갈등조장 보도, 서해교전

조선일보는 집요하게 남북화해와 평화통일을 방해하는 보도 악습을 가지고 있다. 수평적 정권교체로 등장한 김대중 정부의 햇볕정책을 비난하는 첫 번째 소재가 1999년 서해 교전이었다. 일상적이었던 북한 선박의 월선을 '북의 의도적 도발과 얼빠진 대응'(조선일보 6월 8일자 사설)으로 왜곡했다. 동아일보 역시 북한을 악으로 규정하고 강력한 응징을 요구했다. 조선과 동아는 특히 'NLL은 국경선'이라는 사실과 다른 보도를 마구 쏟아냈다.

이에 보수 야당은 이 왜곡 보도를 활용해 "김정일이 치밀하게 계획한 도발", "눈치 보는 군" 등으로 표현하며 정치공세에 가담했다. 차분히 대응하던 김대중 정부는 결국 3일 만에 굴복, 6월 10일 "NLL을 지상의 군사분계선과 같이 확고하게 지킬 것"이라고 방향을 선회하고 말았다. 이후 NLL은 군사분계선이라는 왜곡된 '사실'을 보수 세력에게 빌미를 주는 계기가 됐다.

교묘한 지역갈등 조장
: 대구·부산엔 추석이 없다

동아일보는 2000년 9월 9일자 1면에 "대구·부산엔 추석이 없다"고 보도했다. IMF로 인한 전국적 경제 어려움을 호남 정권의 영남 홀대로 왜곡해 지역감정을 부추긴 대표적 보도였다. 특히 지역별 부도율이 호남이 전국 1위로 나타난 표를 배달판에서 삭제하는 등 의도적으로 왜곡하려 했음이 분명했다.

이 같은 사례는 조선일보 2019년 5월 10일자 1면 "부울경의 호소, IMF 때보다 어려워요, 왜 국민들 힘들게 하는 정책만 합니까"라는 보도와 일치한다. 이는 조선 동아의 자사 이익, 정치적 목적을 위해선 통계 사실 왜곡을 통한 지역감정 조작도 거침없이 할 수 있는 증거라 할 수 있다.

지역감정을 조장한 대표적 보도로 꼽히는 2000년 9월 9일자 동아일보 1면 머리기사 '대구 부산엔 추석이 없다' (사진출처: 동아디지털아카이브)

참여정부 4대 개혁 입법 뒤엎기

노무현 정부가 집권 2년째인 2004년에 가장 강력히 추진한 것은 신행정수도 건설과 함께 4대 개혁 입법이었다. 그러나 두 사안 모두 한나라당과 한편을 이룬 조선·동아의 맹공에 의해 좌절되거나 큰 타격을 입었다. 2004년 신행정수도에 대해 위헌 결정이 내려진 뒤 4대 개혁입법 저지에 타깃을 맞춘 조선 동아는 이를 저지하거나 수구 기득권 세력의 구미에 맞게 손질하기 위해 총공세에 나섰다.

4대 개혁 입법 추진을 '나라를 분열로 몰아가는 행위'로 규정하더니 국가보안법 개정 결사반대론을 펴고, 사학의 부패와 비리를 막기 위한 사립학교법 개정안을 '사학의 존재를 송두리째 부정'하는 악법이라고 억지를 부렸다.

언론 독과점이라는 기현상을 개선하기 위한 2005년 신문법 개정 과정에서 조선과 동아는 '언론통제법'이며 '정권연장법'이라며 턱없는 강변을 폈다. 신문법은 수많은 전현직 언론인과 지식인, 시민단체들이 '국민의 뜻'을 받들어 입법 청원해 여야합의로 국회를 통과한 '국민의 법'이었다. 족벌, 재벌언론들에 의해 훼손된 언론의 자유를 치유하고 지키기 위한 최소한의 장치이며, 중병에 걸린 신문시장을 살릴 마지막 회생 방안이었다.

이같은 국민의 열망을 받아들여 편집권 확보, 국민의 정보 접근권 강화 등을 반영한 개정안은 가까스로 국회를 통과했지만 두 신문은 헌법소원을 제기하면서 이를 기어이 되돌리려 했다.

이들 신문은 국민의 기본권인 언론의 자유를 구현하는 근간으로서 공익적 사기업의 성격을 띠는 신문사 경영의 투명성을 확보하기 위해 마련된 발행 부수와 유가부수 신고와 검증, 구독 수입과 광고 수입 구분 등 신고 조항을 '영업기밀'로 분류해야 한다는 억지 논리를 폈다.

언론·보수정치·검찰의 3대 야합
: 노무현 죽이기 보도

동아일보는 2008년 11월 25일 이른바 '친노게이트'를 보도하고 조선일보 역시 검찰의 피의사실 유포를 통한 전직 대통령 노무현에 대한 비리 보도를 시작했다. 이는 나중에 청와대와 국가정보원, 검찰이 짜놓은 각본에 언론이 가세한 조작극임이 드러났다.

봉하마을에 낙향한 노무현에 대해 검증이나 확인 없는 인신공격, 인격살인 보도가 쏟아졌다. 노 대통령이 고가의 시계를 받은 후 버렸다는 '논두렁 시계' 보도가 대표적 사례였다. 보수 정치권은 이를 정치공세 소재로 활용했다. 노무현은 언론에 '나의 사생활을 지켜달라'고 호소했지만, 언론은 이를 외면했다. 결국 2009년 노무현은 스스로 목숨을 끊었다. 이렇게 언론과 검찰, 보수정치가 합세해 개혁정치인을 죽이고, 개혁을 무력화 시키는 작태는 지금도 집요하게 계속되고 있다.

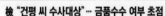

정화삼씨 세종증권 인수 청탁 받고

노건평씨, 농협회장에
"말 좀 들어봐라" 전화

檢 "건평 씨 수사대상" … 금품수수 여부 초점

동아일보 2008년 11월 25일자 1면 기사(왼쪽) 및 6면 특집면(오른쪽). (사진출처 : 동아디지털 아카이브)

"노건평씨, 거액 받아"

검찰, 세종증권 매각 관련 전술 확보… 출국금지

'親盧 게이트' 몸통은 노건평씨?

조선일보 2008년 11월 25일자 1면 기사(왼쪽) 및 3면 특집면(오른쪽). (사진출처 : 미디어오늘)

이명박 대통령 만들기

이명박 대통령 만들기에 나섰던 조선, 동아의 집요한 작전은 기어이 성공했다. 물론 당시 대선 지지 여론 지형에서 1위를 내놓지 않았던 이명박이었지만 역대 대통령 선거에서 이명박처럼 많은 비리와 의혹에도 불구하고 당선된 사람은 없었는데, 그런 의혹을 앞서서 해명하고 감싸 준 게 동아와 조선일보였다. 특히 매머드급 폭탄이었던 BBK 의혹에 대해 조선 동아는 무시와 물타기로 일관했다.

두 신문은 "좌파 정권의 연장을 막아야 한다는 민심을 바탕으로 한나라당을 지지하는 국민의 관점에서" 등과 같은 식의, 노골적으로 이명박 지지를 끌어내려 안간힘을 쓴 반면 범여권 정당 출범 등 경쟁 후보 측에는 '누더기 신당'(동아일보 사설)이라는 표현까지 써 가며 모욕적 표현을 휘둘렀다. 유효투표의 48.7%로 2위 정동영 후보를 22.6%포인트나 앞선 이명박의 승리는 곧 동아일보와 조선일보의 승리였다.

제8장

과거로 회귀

: 이명박·박근혜 시대

이명박, 촛불 항쟁에서 구하기

대통령에 당선된 이명박이 취임하자마자 광우병 위험을 무시한 미국 산 소고기 수입 협상에 국민이 분노했다. 국민이 촛불을 들고 항의시위에 나서자 두 신문은 이번엔 '이명박 지키기'에 나섰다. 이명박은 3개월 간 계속된 촛불의 노도에 한동안 숨을 죽이고 사과 성명까지 냈지만 곧 '반격'에 나섰다.

그 뒤에는 조선, 동아가 있었다. 두 신문은 광우병 위험을 경고한 프로그램 MBC PD 수첩을 집중적으로 공격하는 등 두 달 간 전국을 뒤덮은 촛불을 MBC의 선동·왜곡방송 때문으로 매도했다. 조선과 동아는 '차벽'이라는 기괴한 장벽으로 집회와 표현의 자유를 억압하며 1980년 대로 후퇴한, '신(新)공안'으로 회귀의 공범이었다.

미디어 악법 통과 : 괴물 종편 출범

　종편이라는 괴물을 낳은 미디어 악법은 조선과 동아가 공범의 차원을 넘어 이명박 정권과 사실상 공동 기획한 것이었다. 정확히 말하면 공동기획 이상의 '주범'이었다. 종편 출범은 시장주의라는 이름 아래 시장을 유린한 한국 언론 생태계의 파괴 행위였다. 조선 동아는 종편이라는 선물을, 한국 언론은 파탄 퇴행과 맞바꾸는 악행을 저질렀다.

　TV조선과 채널A라는 조선과 동아의 종편은 조선 동아와 이명박 정부—한나라당 공모하에 불법과 탈법을 통해 만들어졌다. 2009년 7월 22일 국회에서 다수당인 한나라당의 주도로 언론 악법이 날치기 통과됐고 이 과정에서 대리투표, 재투표 등 온갖 위법, 탈법적인 행태가 벌어졌다. 출발부터 불법과 탈법이었던 종편은 출범 이후에도 이명박 정부의 철저한 비호를 받았고, 조선과 동아, 그리고 두 종편은 받은 만큼 그에 철저히 '보답'했다.

　이렇게 탄생한 TV조선과 채널A는 사주와 수구 기득권의 이익에 부합하는 내용만 골라 편파적인 보도를 일삼았고 친일·독재·뉴라이트 세력의 확성기 역할을 충실히 해 오고 있다. 이 두 종편은 오보·막말·편파보도 등 방송법이 규정한 방송의 공적 책임과 언론윤리를 거론하기조차 민망할 정도다. 왜곡 보도를 넘어 허위보도로, 오보를 넘어 가짜뉴스와 조작 보도가 24시간 전파를 타면서 많은 국민을 오염시키고 있다.

박근혜 정부 시절인 2014년에조차 방통위가 재승인 심사에서 TV조선에 대해 방송의 공적 책임과 공익성을 심각하게 훼손했다고 지적했을 정도다.

2016년 박근혜 탄핵을 요구하는 촛불 시민은 종편 퇴출을 목소리 높여 요구했다. 그러나 촛불 민심은 아직 실현되지 못하고 있다. 조선과 동아의 방송판 복제물인 괴물 종편의 힘은 더욱 커지고 있다.

시민의 폐간 운동에 자성 없이
'경제 죽이기'로 매도

2008년 5월 조선·동아·중앙에 반대하는 언론소비자들의 커뮤니티인 '조중동폐간 국민캠페인'이라는 이름의 카페가 개설됐다. 이후 이 카페는 언론소비자 주권 캠페인이라는 단체로 정식 출범했다. 조동중 매체의 왜곡 보도에 대한 비판을 넘어 해당 신문에 광고를 게재하는 기업들에 대한 광고 불매운동에 나선 시민들의 자발적 결사였다.

창립 당시 3천여 명의 발기인이 조직 설립에 참여했고 광고주 불매운동을 시작한 지 2주 만에 2만 명 가까이 회원이 늘어나는 등 시민들의 반응은 가히 폭발적이었다.

그러나 조선과 동아는 불매운동 매도에 나설 뿐 왜 많은 시민들이 자발적으로 불매운동을 하는지 그 이유를 되돌아보거나 자성을 하려는 노력은 전혀 보이지 않았다. 소비자의 건전한 권리 표현이며 합법적인 행위이자 윤리적 소비의 한 모범이라는 평을 들은 언소주 불매운동에 대해 조선과 동아는 자유민주주의와 시장 경제의 근간을 위협하며 경제를 죽이는 행위라고 매도했다.

천안함 사건과 북풍몰이

2010년 천안함 침몰 사건 당시 조선과 동아는 이명박 정권과 한 몸으로 '북풍'을 조장하느라 총력전을 펼쳤다. 실체적인 진실과 원인을 따지려는 노력보다 천안함의 침몰 원인을 '북한의 도발'로 기정사실화 해놓고 제멋대로 엮은 억지 보도를 연일 1면으로 쏟아냈다. 안보불안과 북한위협을 들고 나와 다가오는 지방선거에서 유리한 분위기를 조성하려고 안간힘을 썼다.

결국 군과 이명박 정부는 천안함 침몰 사건은 북의 어뢰공격에 따른 것이라는 조사결과를 발표했지만 그에 대한 의혹과 문제 제기는 멈추지 않았다. 결정적 증거라는 것이 과연 천안함을 침몰시킨 어뢰인지에 대해서는 의문투성이였고 북한제 어뢰임을 입증하는 증거라는 '1번'이라고 쓰인 매직 글씨는 오히려 의혹을 증폭시키는 요인이 됐다.

많은 국민은 한미연합전쟁연습 중에 한미 양국의 최첨단 감시 장비가 총동원된 상황에서, 북한 잠수정이 전혀 포착되지 않은 채 침투와 접근을 감행해 단 한 발의 어뢰로 천안함을 두 동강 내고 도주했는지를 도저히 납득하지 못했다.

이명박 정부는 사건 조사 결과 발표를 계기로 대북 강경책을 쏟아 냈다. 하나같이 남북관계를 파탄 내고 최악의 경우 군사적 충돌까지 불러올 수 있는 위험천만한 것들이었다. 그럼에도 조선과 동아는 이를 추궁하고 비판하기는커녕 오히려 조장하고 편승해 '북풍타령'으로 일관했다.

군과 정부의 미숙한 대응과 무능한 대처, 끊임없는 말 바꾸기에 지친 시민들이 제기하는 당연한 의혹과 비판에 대해 오히려 '인터넷 들쥐'라는 저주를 퍼붓기까지 했다.

과학을 왜곡한 4대강 사업 홍보

4대강 사업은 대통령과 정부가 국민을 속이고 22조나 되는 혈세를 강을 파괴하는 데 쓴 '대운하 사기극'이었다. 국민 대다수와 전문가 절대 다수가 반대했던 이 같은 사기극이 통했던 데는 조선과 동아와 같은 유력지가 한나라당 기관지처럼 4대강 사업을 홍보했던 '공'이 컸다. 이들 신문은 "4대강 사업을 국가 백년대계 차원에서 성공시키려면"이라고 전제하고는 "정부는 반대 의견 가운데 사업에 도움이 될 수 있는 내용은 유연한 자세로 받아들일 필요가 있다"고 보도해 이를 기정사실화하는 보도 행태를 보였다.

이 신문은 "4대강 가치 극대화 위해 정부 더 분발하라" "4대강 사업은 홍수 예방과 수질 개선, 물 확보를 위해 하는 일이고 그 결과 생명과 생태계가 복원될 수 있음을 몇 백 번이라도 설명하는 수고를 마다해서는 안 된다"고 친절하게 조언까지 했다. 허황된 언어로 미화하는 이들 신문에서 4대강 사업에 대한 검증은 없었고 오직 찬가만 있었다.

박근혜 대통령 만들기와 지키기

2012년 대선을 앞두고 동아와 조선은 박근혜 대통령 만들기에 그야
말로 필사적이었다. 이해 8월 21일자 3~6면 동아일보가 단적인 예다.
'인간 박근혜'와 '정치인 박근혜'를 부각시킨 특집기사에서 동아일보는 박
근혜에 대해 우호적 논조를 넘어 '따뜻한' 시선으로, 박근혜를 인간적으
로나 정치적으로나 대통령이 되기에 넘칠 정도의 품성과 능력을 지닌 인
물로 그리고 있다. 반면 나중에 문재인이 민주당 대선후보로 확정됐을
때 노무현 정부의 '실정'에 큰 책임이 있는 사람으로 폄하하기 바빴다. 근
거가 약한 노무현-김정일 비밀 녹취록 관련 보도 등 박근혜에 유리한 북
풍 프레임을 짜고, 문재인-안철수 단일화를 시종일관 비난했다. 게다가
선거 막판 불거진 국정원 댓글 사건에서도 박근혜 보호에 안간힘이었다.

이렇게 당선된 박근혜의 잇따른 국정 실패와 과오에 대해서도 두 신
문은 비호로 일관했다. 단적인 예가 세월호특조위의 '대통령 7시간' 조
사에 대한 비난이다. "이미 대통령 행적에 관해 밝혀질 것은 다 밝혀졌
는데, 추가로 이를 조사한다는 것은 명백한 '정치적 행보'다"는 억지 주
장을 폈다. 조선일보는 사설 '세월호특조위, 대통령 행적이나 캐라고 혈
세 쏟은 줄 아나'에서 "이제와서 특조위가 대통령 행적부터 조사하겠다
고 해서 어떤 새로운 사실이 나올 수 있을지 의문"이라며 "특조위가 진
상조사의 발목을 붙잡고 있다"며 적반하장의 주장을 펴면서 박근혜 엄

호에 나섰다. 두 신문은 박근혜를 지키려 했지만 오히려 결과적으로는 박근혜의 탄핵을 불러온 '가해자'가 된 셈이었다.

2012년 대선을 앞두고 동아와 조선은 박근혜 대통령 만들기에 그야말로 필사적이었다. 동아일보 2012년 8월 21일자 3면~6면 '선택2012-새누리 대선후보 박근혜' 특집면이 단적인 예다. (사진출처: 동아디지털 아카이브)

조선 동아 100년을 말한다

세월호 유족 모독과 진실규명 방해

2014년 4월 16일, 세월호 참사는 온 나라를 충격과 비탄에 빠뜨렸다. 300여 명의 무고한 목숨이 희생된 '세월호 참사'는 또한 '보도 참사'였다. 세월호 참사의 보도에서 동아일보와 조선일보가 보여온 행태는 언론으로서의 역할을 저버린 것은 물론 죽음 앞에 최소한의 예의조차 저버린 비(非)인간 반(反)인간의 흉기였다.

동아 조선은 특정 정파의 유·불리를 따지며 보도를 축소 왜곡했고, 유족들의 절망과 슬픔을 달래주기는커녕 오히려 조롱함으로써 그들을 울분과 분노에 떨게 했다. 조선일보와 동아일보, 그 자회사로 정부의 각종 특혜를 받으며 커 온 종편 TV조선과 채널A는 세월호 관련 보도에서 각종 은폐, 왜곡, 거짓말, 궤변을 일삼았다.

정부 조사를 믿을 수 없다는 들끓는 국민 여론을 바탕으로 2015년 우여곡절 끝에 통과된 4·16 세월호 참사 진상규명 및 안전사회 건설 등을 위한 특별법에 대해서 특조위를 허수아비 위원회로 전락시키려는 시행령에 담긴 정부의 의도에 대해 이를 비판하기는커녕 특조위가 세금만 낭비하는 불필요한 단체라는 폭언까지 서슴지 않았다. 조선일보 사설은 "특조위는 세월호 특별법 시행령을 놓고 정부와 충돌하고 내부 인사 갈등까지 겪느라 7달 넘게 허송세월했다. 특조위가 월급만 받아 챙겼다"고 악담을 퍼부었다.

조선일보와 TV조선은 희생자 가족을 돈으로 모욕한 정부의 일방적 배·보상안 발표에 대해 이를 천안함 사건 보상액과 비교하며 모독했다. 가족대책위와 특조위 위원, 시민들을 광화문을 무단 점거하고 돌출 행동을 일삼는 사람들로 몰았다. 동아와 조선의 세월호 보도는 유가족을 모독하고 국민을 조롱하며 세월호 참사의 진실을 감추려는 범죄행위에 다름 아니었다.

TV조선과 채널A의 광주 북한군 개입 보도

국정원 댓글이라는 국가정보기관의 선거개입으로 대통령이 된 박근혜는 부친을 위해 친일 미화, 독재를 합리화하는 역사 왜곡에 나섰다. 교학사 교과서에 이어 국정교과서 도입 시도가 그것이다. 특히 민주화운동에 대한 왜곡과 폄훼로 나타났다. 그 대표적인 것이 5·18광주항쟁에 대한 북한군 개입설 왜곡 보도였다.

2013년 5월 13일 TV조선은 '장성민의 시사탱크' 프로그램에서 탈북 장교 출신을 출연시켜 "5·18은 북한군 600명이 침투해 벌인 전쟁"이라는 황당한 주장을 여과 없이 내보냈다. 이틀 뒤 채널A도 북한군으로 광주에 투입됐다는 탈북 인사의 주장을 방송했다.

이는 광주 시민을 능멸하고 민주화 역사를 왜곡하는 것은 물론, 남북 갈등을 의도한 매우 심각한 '악의적' 보도였다. 분노한 국민은 해당 프로그램 폐지와 방송허가 취소 등을 촉구했다. 이 보도로 TV조선과 채널A는 방송통신심의위원회로부터 중징계를 받았지만 두 종편은 이후에도 악의적 왜곡 보도를 멈추지 않았다.

이러한 종편의 5·18 능멸에 민주운동가 홍만희씨는 7월 9일 "광주 민주항쟁의 역사를 왜곡하는 정신병자들이 판치는 나라~ 다시 한번 일어서서 정의를 바로 세우라"는 유서를 남기고 자살했다. 이어 12월 31일 이남종씨가 "박근혜 정부는 쿠데타 정부 … 두려움은 제가 가지고 가겠

TV조선은 2013년 5월 13일 5·18광주항쟁을 북한군 개입이라고 왜곡 보도했다. 이틀 후 채널A도 같은 내용을 보도했다. (사진출처: TV조선 캡처)

습니다. 일어나십시오"라는 유서를 남기고 서울역 고가도로 위에서 분신 자살했다.

그러나 종편을 비롯한 모든 공중파 방송은 그의 유서도 숨기고 심지어 이름도 밝히지 않는 '분신남'으로 보도했다. 아이러니 하게 이들의 자살은 결국 촛불혁명의 불씨가 됐고, 박근혜는 탄핵됐다.

촛불혁명 시작, 민중총궐기 폭력집회로 왜곡

2015년 11월 14일 민주노총이 주도하고 46개 시민, 사회, 농민, 역사단체 등이 박근혜 정권의 실정을 규탄하는 대규모 집회를 열었다. 이른바 제1차 민중총궐기로 노동개악 반대, 세월호 참사 진상규명, 한국사 교과서 국정화 반대 등을 비롯한 11대 사항의 개선을 요구했다.

경찰은 헌법재판소도 '불법'이라 규정한 차벽을 설치하고 시위대를 향해 물대포와 캡사이신을 뿌렸다. 이 과정에서 백남기 농민이 물대포에 맞고 쓰러졌다. 보수언론은 왜 시민이 민중총궐기를 열었고, 요구사항이 무엇인지는 알리지 않고 시위대의 폭력성을 강조했다.

특히 조선일보는 11월 18일자 2면에 마스크를 쓰고 새총을 쏘는 사진과 쇠파이프로 연상되는 봉을 든 사진, 11월 25일에는 'IS도 얼굴 감춘다'라며 시위대를 이슬람 테러단체에 비유했다. 이는 동아일보도 정도의 차이가 있지만 비슷했다. 조선, 동아일보는 규정에 어긋난 물대포로 쓰러진 백남기 농민보다 경찰의 피해 상황을 세밀하게 보도했다. 심지어 TV조선은 "북한 조선중앙통신이 남한에서 벌어진 민중총궐기를 지속적으로 보도했다, 시위 참가를 독려하는 듯한 보도도 있었다"고 종북몰이에 나서기도 했다.

나중에 밝혀진 것이지만, 청와대는 이날 민중총궐기에 대해 폭력성을 부각시키라고 지시한 것으로 드러났다. 이후 문재인 정부는 이날 민중총궐기에서 경찰의 폭력진압에 대해 사과했다.

△ <사진2> 조선일보 복면 관련 사진

2015년 11월 14일 제1차 민중총궐기에 대해 조선일보는 경찰의 폭력 진압 대신, 시위대의 폭력성만 강조하는 기사와 사진을 연이어 게재했다. (사진출처 : 민언련 신문 모니터)

제9장

계속되는
조선·동아
패악보도

: 문재인 시대

친일과 친독재, 종북몰이 종합판
: 정의기억연대 보도

2020년 4월부터 계속된 조선일보의 정의기억연대(구 한국정신대문제대책
협의회) 왜곡 보도는 조선일보 정체성의 '결정판'이라 할 수 있다. 일제하
위안부 문제는 2015년 12월 28일 박근혜 정권이 '100억 엔에 불가역적
으로 해결된 것'으로 합의했다. 위안부 당사자는 물론, 국민 정서를 감
안하지 않는 이런 합의는 국민적 반발을 가져왔다. 그러나 두 신문은
이전의 위안부 합의 자체는 아무런 문제가 없다는 논조를 폈다.

2019년에는 일본의 경제적 폭거마저 편들었다. 2019년 한국 대법원
의 강제징용자 배상 판결에 대해 일본은 한일청구권 협정을 위반했다며
한국을 화이트리스트에 배제하는 경제보복을 자행했다. 이 같은 일본
의 행태에 국민이 당황했지만 조선은 일본에 대한 비판보다 문재인 정부
의 '외교 실패'에 초점을 맞췄다. 게다가 한일협정 청구권 문제와 관련한
일본 측의 억지 주장을 받아 확대 재생산했다.

이 같은 조선일보의 보도에 일본 극우 언론들이 쌍수를 들어 반기고
크게 인용 보도했음은 물론이다.

하지만 촛불혁명으로 들어선 문재인 정부는 이를 파기했다. 이 문제
를 국내 및 국제사회에 여론화시킨 중심 단체가 바로 정의기억연대다.
윤미향 대표는 30년간 일제하 위안부 문제를 국제사회에 고발한 당사
자였다. 그런데 21대 총선에서 윤 대표가 여당 비례대표로 추천됐다.

日 요미우리, 정대협 전 대표 국회 입성 가능성에 경계심

도쿄/이태동 특파원 입력 2020.04.08. 10:02 수정 2020.04.08. 10:09 댓글 0개

요미우리 신문, 지면 통해 윤미향 더불어시민당 후보 조명
'그가 국회가면 한국 정부의 대일 강경 기조 강화될 것'

일본에서 매일 발행 부수가 가장 많은 요미우리 신문은 8일 조간 지면을 통해 윤미향(56) 전 정대협(한국 정신대문제 대책 협의회) 대표의 국회 입성을 경계했다. 그가 국회의원이 되면 한국 정부에 대일 강경 기조를 요구할 거라는 분석이다. 윤 전 대표는 여당의 비례 위성정당인 더불어시민당 비례 대표 후보 7번에 이름을 올렸다.

요미우리 신문은 이날 '위안부 지원자 당선권 내에... 비례 선거 대일 강경 요구?'라는 제목의 기사를 통해 '한국의 위안부 지원 단체의 전 대표인 윤미향 후보가 4·15 총선에서 당선권 안에 있으며 그가 국회의원으로 변신하면 위안부 문제로 한국 정부에 대일 강경 자세를 더 강화하라고 촉구할 거라는 분석이 나온다'고 보도했다. 더불어시민당은 총선 당선권을 10번대 중반으로 예상한다. 7번인 윤 후보는 당선이 유력한 상황이다.

일본 요미우리 신문을 인용 보도한 조선일보 2020년 4월 8일자 보도. 현재 이 기사는 설명없이 삭제된 상태다.

조선일보는 3월 31일 '반미 앞장서온 시민당 윤미향, 정작 딸은 미국 유학중'이라는 인과관계도 없는 악의적 기사를 내보내기 시작했다. 2020년 4월 8일 조선일보는 '日 요미우리, 정대협 전 대표 국회 입성 가능성에 경계심'이라는 기사를 도쿄발로 보도했다(이 기사는 설명 없이 삭제됐다).

친일에 바탕을 둔 조선일보는 곧 '본심'인 종북몰이를 드러냈다. 윤 대표의 남편은 1993년 일본영사가 조작한 이른바 '남매간첩단' 사건으로 징역 4년을 선고받은 인물이다. 조선일보는 이를 다시 거론하며 종북몰이를 시작했다. 이 사건은 이후 재심을 통해 일부 무죄가 선고됐다는 사실은 쏙 뺐다.

조선일보는 5월 21일 1면 '단독—"윤미향 부부, 위안부 쉼터서 탈북자 월북 회유"'를 통해 "정대협이 국정원 기획탈북 의혹 당사자인 류경식당 종업원에게 재월북을 종용했다"고 보도했다. 이 사건은 2016년 20대 총선을 앞두고 정보사가 조작한 '북풍사건'이었다. 여기에 등장하는 민변 장경욱 변호사는 국가 정보기관의 간첩단 조작사건을 파헤치는

朝鮮日報

"정대협, 류경식당 종업원에 돈주며 北으로 돌아가라"

탈북 류경식당 지배인 폭로… 민변 변호사가 윤씨 부부 소개

'정대협이 민변 변호사 통해 종업원들에 月30만~50만원 지급
복숨 걸고 넘어온 사람들에게 '탈북은 죄'라고 해… 기가 막혀
윤미향 남편, 수령님·장군님 단어 수시로 쓰며 北 혁명가 불려

2020년 5월 21일자 조선일보 보도. 정대협 문제를 이념 논쟁으로 몰고 가는 본심을 드러냈다.

전문 변호사다.

5월 25일자 사설 '北 탈출한 죄' 추궁에 南서도 위협 느끼고 망명했다니'도 그런 맥락이다. 특히 TV조선을 동원한 정대협 보도는 언론으로 비평할 가치도 없이 저급한 수준이다. 결국 한국신문윤리위원회는 "객관적 사실이라기보다 주장에 가까운 내용"이라며 '주의' 제재를 내렸다. 또 언론중재위원회는 '윤미향이 심사하고 윤미향이 받은 지원금 16억' 등의 보도에 대해 '기사 삭제', '정정보도' 등의 조치를 취했다.

조선일보의 정대협 보도는 뿌리 깊은 친일과 민족을 증오하는 종북몰이 전형을 보여주고 있다.

창간 악습은 지금도 계속되고 있다

조선 동아의 친일과 독재정권 옹호, 그리고 반 민족적 보도는 결코 과거의 일이 아니다. 지금도 계속되고 있다. 동아 조선의 '마녀사냥' 대상은 정의기억연대를 넘어 민주언론시민연합 등 시민단체까지 확산되고 있다.

동아일보 자회사인 채널A는 2020년 검찰 출입기자의 협박 취재와 이른바 검언유착 파문을 일으켰다. 왜곡된 권력과 공모한 전형적 사례의 하나다. 민주언론시민연합은 '한국 언론사의 오점을 남긴 사건'으로 규정했다. 그러나 경영진 차원에서 사과는 한 번도 없었다.

북을 상종할 수 없는 '증오의 대상'으로 묘사하는 반민족적 보도 태도 역시 마찬가지다. 두 신문의 자회사인 TV조선과 채널A는 2020년 '김정은 중태설'을 대서 특필하는 오보를 낳았다. 특히 조선일보는 2020년 5월 1일 탈북자 지성호 미래한국당 당선자의 말을 빌어 '김정은 사망 99% 확신'이라 보도했다. 결과는 오보였다. 이런 북을 혐오하게 만드는 동아 조선의 '혐북보도' 태도는 반민족적 보도 행태라 할 수 있다.

무엇보다 과거의 오보를 반복했지만 진정한 사과가 없다는 점이다. 이는 이런 친일적이고 반민족적 보도가 '의도적'이라는 것을 의미한다. 이는 두 언론이 창간 100년의 태생적 한계를 벗어나지 못하고 있으며 앞으로 개선할 생각이 없음을 예고하는 것이라 할 수 있다.

제2부 _____ 조선일보 100년,
100개의 장면

조선일보 100년, 100개의 장면

정철운 미디어오늘 기자

: '친일' 방응모의 조선일보 인수부터 45년 차 조선일보 해직 기자의 눈물까지

　　"조선일보는 광복 이전엔 일제, 이후엔 권위주의 정부, 북한의 세습 독재와 맞서 싸웠다. 운동권 좌파의 괴담과도 맞섰다. 진실을 수호하기 위해 시대와 맞서고 시대를 이끌어온 100년이었다." 2020년 3월 5일 창간 100주년을 맞는 조선일보가 지난 2월 29일자 1면 기사에서 지난 100년을 자평한 대목이다. 기사 제목은 '3·1운동으로 태어나, 불의한 시대에 저항했다'였다. 미디어오늘은 조선일보의 지난 100년을 100개의 장면으로 추렸다. 조선일보의 100년을 통해 우리 언론史의 굴곡을 온전히 이해하기 위함이다.___미디어오늘 편집자

1_____ 친일인명사전에 등재된 방응모는 1922년부터 5년간 평안북도에서 동아일보 신문지국장이었으며 신문 대금이 밀려 본사로부터 수

모를 겪기도 했으나 금광을 발견해 벼락부자가 되어 1933년 3월 21일 조선일보를 인수했다.

2_____ 조선일보는 1924년 9월부터 1933년까지 사회주의 논조를 펴기 시작했는데, 1925년 3월14일 사설에선 칼 마르크스 42주기를 맞아 "노동계급 운동의 지도 원리의 게시자로서… 용전역투하던 혁명가로서 천만 푸로레타리아트의 추앙과 존경을 받았다"며 찬사를 바쳤다.

3_____ 1925년 9월 조선총독부는 반일감정을 담긴 사설이 있다며 조선일보를 정간 조치했고, 조선일보는 정간 조치를 풀기 위해 그해 10월 기자 17명을 해고했다.

4_____ 조선일보는 이봉창의 폭탄 투척 사건이 있었던 1932년 1월 10일자에서 "어료차(천왕의 마차)에 이상이 없어 오전 11시 50분 무사히 궁성에 환행하시었다"고 보도했으며, 그해 5월 8일자에선 윤봉길 의사의 폭탄 투척 사건을 "흉행(兇行)"으로 보도했다.

5_____ 조선일보는 1933년 12월 24일자 사설에서 일본 황태자 탄생에 맞춰 "새로 탄생하신 황태자전하께옵서 건전하게 자라시와 후일에 일본을 세계의 문화와 평화와 따라서 인류의 행복을 위하야 큰 공헌을 하는 큰 힘이 되도록 하시는 영주가 되시옵소서 하고 축원을 올린다"고 적었다.

6_____ 동아일보 사주 김성수의 도움으로 일본 유학을 했고 동아일보 편집국장을 맡았던 이광수가 1933년 조선일보로 이직하며 조선과 동아의 관계는 매우 불편해졌다. 이광수는 조선일보에서도 편집국장을 맡으며 '조선 신문계의 무솔리니'(1933년 삼천리 10월호)라는 별명을 얻었다.

7_____ 1935년 언론비평지 '쩌날리즘'에 실린 '동아 대 조선전의 진상 급비판'에 따르면 동아일보 사주 김성수가 조선일보의 지면 광고 요구에 10원을 내겠다고 답하자 방응모는 조선일보 주필에게 "김성수에게 공세의 필봉을 향하라"고 명했다.

8_____ 조선일보는 1935년 6월 동아일보 사주 김성수가 교장으로 있는 보성전문학교의 신입생 초과 문제를 집중보도했으며, 그해 7월 서울 태평로 사옥 준공 이후 사설에선 "동아일보는 3층이고 조선일보는 4층이다"라고 썼다.

9_____ 방응모는 1935년 잡지 '삼천리'와 인터뷰에서 "먹을 만한 것이나 남겨두고는 전부 사회사업이나 문화사업에 바치겠다. 자손에게 재산을 물려주는 것은 해가 될 것이다"라고 말했다.

10_____ 조선일보는 1937년 1월 1일 1면에서 일왕 부부 사진을 1면에 크게 실었으며 1940년 폐간 전까지 매년 1월 1일 일왕 부부 사진을

싣고 충성을 맹세했다.

1939년 1월 1일자 1면

11_____ 조선일보는 1939년 4월 29일 사설에서 일왕 히로히토의 생일을 맞아 생일축하문을 쓰며 충성을 넘어선 '극충극성'이란 표현을 쓰고 일왕을 '지존'이라 표현했다.

12_____ 일제의 조선어 말살로 조선일보는 1940년 8월 10일 폐간당했다. 조선총독부 경무국에 따르면 당시 조선일보 직원은 912명이었으며, 총독부는 폐간 대가로 조선일보에 80만 원을 줬다. 당시 일본군 전

투기 한 대가 10만 원이었다고 한다.

13_____ 조선일보는 1945년 11월 23일 속간사에서 "총독부의 횡포 무쌍한 탄압에 의해 눈물을 머금고 강제폐간을 당했다"고 주장했다.

14_____ 북한군이 서울을 함락한 1950년 6월 28일 조선일보는 호외를 내고 "조선민주주의 인민공화국 만세!", "경애하는 수령인 김일성장군 만세!"라고 적었다. 조선일보는 "호외를 발행한 사실이 없으며 인민군이 조선일보사의 남겨진 시설을 이용해 만든 선전물로 추정된다"고 밝혔다.

1950년 6월 28일자 호외

15_____ 은행가 출신 장기영은 조선일보의 제의로 납북된 방응모 대신 1952년 4월부터 5년 임기로 조선일보 사장에 취임해 발행부수·지대 수입·광고 수입을 크게 늘렸다. 그러나 방씨 일가와 갈등을 빚어 1954년 중도 퇴임했으며, 이후 한국일보를 창간했다.

16_____ 조선일보는 4·19혁명 뒤인 1960년 4월 26일 사설에서 "정의에 불타는 청년 학도들의 장거는 기어코 오늘의 결과를 가져오고 말았으니 비겁한 기성세대는 숙연히 젊은 세대 앞에 머리를 숙이고 애국 청년학도의 순혈에 보답하는 사신(捨身)의 결의가 있어야 할 것"이라고 적었다.

17_____ 조선일보는 1961년 5·16 쿠데타 당시 호외에서 '군부 쿠데타'로 명명했지만 이틀 뒤인 5월 18일 '쿠데타'란 단어는 사라졌고 19일 사설에선 "지향할 바를 몰라 방황할 뻔하였던 대다수 국민에게 극히 축복스러운 일"이라며 "그(박정희)를 높이 평가하지 않을 수 없다"고 적었다.

18_____ 1964년 11월 21일 조선일보 외신부 기자 리영희가 "남북한이 유엔에 동시 가입하는 안건을 아시아·아프리카 외상 회의에서 검토 중"이라고 보도했다가 다음날 반공법 위반 혐의로 구속 기소됐다. 북한이 한국과 동격으로 유엔에 초대된다는 이야기는 '적성국가 고무찬양'에 해당된다는 이유였다.

19_____ 1965년 9월 중앙일보 창간 당시 방우영은 삼성 회장 이병철에게 말했다. "신문 사업이란 것이 돈벌이와는 거리가 멀어 우리도 겨우먹고 살기 바쁩니다. 재벌이 왜 신문에까지 손을 대려고 합니까. 그럴 돈 있으면 신문에 광고나 많이 내 신문사들을 도우십시오."

20_____ 조선일보는 1968년 정부의 지급보증 특혜로 일본에서 민간차관 400만 달러를 들여와 코리아나호텔을 짓게 됐다. 조선일보는 현금 한 푼 없이 당시 서울에서 가장 높은 호텔을 갖게 됐다.

21_____ 조선일보는 1968년 12월 11일 "승복 어린이가 우리는 공산당이 싫어요라고 얼굴을 찡그리자 그(공비) 중 1명이 승복군을 끌고 밖으로 나갔으며… 양 손가락을 입속에 넣어 찢은 다음 돌로 내리쳐 죽였다"고 보도했다. 1968년 당시 중앙일보 기자였던 김진규 전 한국기자협회장은 "사회부 데스크였던 조선일보 최아무개 기자가 가필한 것"이라고 주장했다.

22_____ 조선일보는 1972년 10월 17일 유신독재체제에 대해 '평화통일을 위한 신체제'란 제목의 사설에서 "가장 적절한 시기에 가장 알맞은 조치로서 이를 환영하지 않을 수 없다"고 적었다.

23_____ 조선일보는 1973년 9월 7일 사설에서 "요즘 우리의 심정은 알고 싶은 것 있는데 알 수가 없고, 말하고 싶은데 말할 수 없는 상태에서 몹시 우울하고 답답하다"며 김대중 납치사건의 진상규명을 요구했다. 편집인 몰래 윤전기를 세워 새 사설을 넣었던 주필은 바로 사직서를 냈다.

1975년 3월 11일 6일 간의 농성투쟁 끝에 남은 30여명의 기자들이 회사에서 쫓겨나자 전체 기자들이 회사 앞에 모여 조선일보 규탄집회를 가졌다. 그러나 자유언론수호투쟁에 동참했던 70여명의 기자들은 그 후 굴욕적인 각서를 쓰고 회사로 복귀했다. (사진 : 조선투위)

24_____ 1974년 10월 24일 조선일보 기자 150여명이 '언론자유 회복을 위한 선언문'을 채택했고, 경영진은 기자 2명을 해고했다. 기자들이 반발하자 경영진은 이듬해 창간기념일(3월 5일) 복직을 약속했지만 지켜지지 않았고, 기자들은 제작거부 농성에 돌입했다. 경영진은 이 중 32명을 해고했다.

25_____ 1975년 인혁당 사건으로 도예종 등 8명이 사형 확정 이후 하루도 안 돼 처형됐다. '사법사상 암흑의 날'로 기록된 이 사건에서 조선

일보는 비상군법회의 관계자 말을 빌려 "도예종은 조국이 공산주의 아래 통일되기를 바란다는 말을 남겼다"고 보도했으나 훗날 사실무근으로 밝혀졌다.

26_____ 1975년 5월 박정희는 헌법을 유린하는 긴급조치 9호를 선포했고, 조선일보는 5월 15일 사설에서 "우리에게 가해지고 있는 잠재적 또는 현실적 위협이 우리에게 새 질서의 생활을 요구한 것이다"라고 주장했다.

27_____ 조선일보 회장 방일영의 자서전에 따르면 박정희는 다음과 같이 말했다. "가끔은 방일영 회장이 부러울 때가 있어. 외국 가고 싶을 때 언제나 나갈 수 있고, 놀고 싶으면 마음대로 놀 수 있고, 또 정부를 때리고 싶을 땐 마음껏 때릴 수 있으니 얼마나 좋아. 나도 대통령 그만둔 다음에는 신문사 사장이나 해볼까?"

28_____ 1979년 10월 28일 조선일보는 1면부터 7면까지 박정희 사망을 다루며 '민족중흥의 찬란한 금자탑 쌓고 비운에 가다', '하면 된다 강력한 추진력', '막걸리 즐기는 서민 풍모', '용기 있고 위대한 정치가… 비전 지닌 영도자'라는 제목의 기사를 실었다.

29_____ 1979년 11월 3일 박정희의 국장 당일 조선일보는 경어체로 사설을 쓰고 "5·16으로 '불행한 군인'을 자처하며 국정 책임을 한 몸에

지님으로써 '운명의 인'이 되었습니다. 그리고 '운명의 인'으로 살아온 이 20년을 유구한 역사 속의 '운명의 시대'로 만들었습니다. 그동안 고인이 이룩한 업적은 많고 뚜렷합니다"라며 극찬한 뒤 "박정희 대통령 각하, 고이 가십시오"라고 적었다.

30_____ 전두환 신군부시절 언론인 강제해직, 언론사 통폐합, 보도지침, 언론기본법 등 독재적 언론 통제를 주도했던 허문도는 1964년 조선일보 기자로 입사해 동경특파원을 거친 뒤 1980년 신군부에 발탁, 중앙정보부장 비서실장과 문화공보부 차관 등을 거치며 '20세기 최악의 폴리널리스트'가 되었다.

31_____ 1980년 4월 21일 사북탄광 노동자들이 어용노조 반대와 임금 인상 등 생존권 투쟁에 나서며 경찰과 충돌했다. 계엄사가 24일부터 보도를 허용하자 조선일보는 '광부 3천 5백명 유혈난동'이란 제목의 1면 머리기사를 내고 '폭도', '죽음의 거리' 등 표현을 쓰며 입원 중인 경찰의 사진을 실었다.

32_____ 1980년 4월 10일 방우영은 "4월부터 모든 사원의 봉급을 평균 33% 인상하고, 보너스는 연 800% 이상 되도록 하겠다"고 밝혔다. 신군부는 그해 국회를 해산하고 국가보위입법회의에 국회 기능을 맡겼는데, 당시 81명의 의원 중 방우영 사장이 포함됐다.

33_____ 조선일보는 1980년 5월 26일 사설 '악몽을 씻고 일어서자'에서 "신중을 거듭했던 군의 노고를 우리는 잊지 않는다. 계엄군은 일반이 상상했던 것보다 훨씬 극소화한 희생만으로 사태를 진정시키는 데 성공했다"고 적었다.

34_____ 조선일보는 1980년 8월 23일 '인간 전두환' 특집기사를 싣고 "육사의 혼이 키워낸 신념과 의지의 행동", "사에 앞서 공… 나보다 국가 앞세워", "자신에게 엄격하고 책임 회피 안 해", "남에게 주기 좋아하는 성격", "운동이면 못하는 것 없고 생도 시절엔 축구부 주장" 따위의 부제를 달았다. 전두환은 4일 뒤 단일후보로 11대 대통령이 됐다.

1980년 8월23일자 3면

35_____ 언론학자 강준만은 "1980년 언론 통폐합은 전두환에 대한

충성심이 가장 강한 조선일보의 고속 성장을 가능케 했다"고 평가했다. 조선일보 매출액은 1980년 당시 161억원으로 동아일보(265억원), 한국 일보(217억원)에 뒤처졌지만 5공을 거치고 난 1988년 매출액은 914억원 으로 동아일보(885억원), 한국일보(713억원)를 넘어섰다.

36_____ 조선·동아일보의 소위 '민족지 논쟁'이 벌어지던 1985년 4월 17일 동아일보는 "조선일보가 친일신문으로 창간된 것은 사실 기록에 서 착오가 없는 것"이라고 주장했다.

37_____ 조선일보는 1986년 11월 17일 '김일성 총 맞아 피살'이란 호 외를 내고 "세계적 특종"이라고 자평했다. 그리고 김일성은 18일 오전 평양 공항에 모습을 드러내 이 신문의 "세계적 오보"를 알렸다.

1986년 11월 17일자
호외

38_____ 1989년 5월 15일 조선일보노동조합은 1975년 해직된 32명

기자들의 원상회복 및 피해배상을 회사에 촉구했으나, 조선일보 사장 방우영은 특별성명을 내고 "외부와 연결된 사내 정치투쟁"이라며 전면 거부했다.

39___ 1989년 주간조선이 김대중 평민당 총재 일행의 유럽순방 당시 추태가 있었다고 왜곡 보도해 평민당이 조선일보 관계자 5명을 고소하자 조선일보 기자들이 '언론자유수호선언'을 발표했다. 이에 한국기자협회는 "조선은 더 이상 언론자유를 운위하지 말라"고 비판했다.

40___ 1991년 10월 주간조선은 국회의원 노무현의 재산이 상당하고 인권변호사 활동은 과장됐으며 고급 요트를 즐겼고 노사분규 중재 과정에서 노사 양쪽에 돈을 받았다고 보도했으며, 법원은 노무현이 제기한 명예훼손 소송에서 조선일보에 2000만 원 손해배상 판결을 냈다.

41___ 1992년 10월 31일 조선일보 회장 방일영의 고희연에서 스포츠조선 사장 신동호는 "낮의 대통령은 그동안 여러분이 계셨지만 밤의 대통령은 오로지 회장님 한 분이셨다"고 발언했다. 그해 대통령 선거 다음 날 밤 김영삼 당선인이 찾아간 곳도 방씨 일가의 흑석동 자택이었다.

42___ 1993년 조선일보 사장이 된 방상훈의 본명은 방갑중(方甲中), 해석하면 '갑중의 갑'이었는데 만 30세가 지난 1978년 9월 방상훈으로 개명했다. 방갑중은 군 면제를 받았다.

43_____ 월간조선은 1995년 9월 "한국통신 노조위원장이 여비서를 두고 그랜저를 타고 다니며 노조 간부 부인의 통장이 16개"라고 보도했으나 모두 사실이 아니었다.

44_____ 전두환 척결 여론이 한창이던 1995년, 방우영은 조선일보 사보에서 "전두환 대통령은 '협조를 부탁합니다. 그렇지 않아도 신문사에 대한 세무조사를 참모들이 원하고 있어 고려 중에 있습니다'라고 했다. 대통령 체면에 어울리지 않는 저질 협박이었다"고 적었다.

서울 소공동 롯데호텔에서 열린 조선일보 창간 90주년 기념식에 참가한 전두환, 김영삼 전 대통령과 내빈들이 방우영 조선일보 명예회장과 함께 축하 케이크를 자르고 있다. (사진: 이치열 기자)

45_____ 방우영은 1995년 조선일보 사보에서 "박정희 대통령은 생리적으로 언론을 기피하고 혐오한 사람이었다"고 평가하며 "시종일관 언론을 회유·위협·탄압하다가 집권 말기 천하의 악법인 긴급조치 9호를 발표, 영구집권을 획책하다 김재규의 손에 비참한 최후를 맞았다"고 적었다.

46_____ 조선일보는 1996년 2월 13일 '김정일 본처 서방 탈출'을 특종 보도했다. 그러나 중앙일보는 성혜림이 러시아 모스크바에 머물며 북한 측 보호를 받고 있다고 보도했고, 당시 안기부장은 중앙일보 보도가 맞다고 밝혔다.

47_____ 1996년 7월 중앙일보 지국과 조선일보 지국이 고양시에서 관할권을 두고 다투다 조선일보 직원 1명이 살해됐다. 이 사건은 조선일보와 중앙일보·삼성 간 지면 대결로 이어지다 전경련의 주선으로 멈췄다.

48_____ 1997년 월간조선이 한국외대 이장희 교수가 쓴 초등학생 대상 통일교육교재를 두고 이 교수가 북한체제를 찬양했다고 보도했으나, 서울지법은 2001년 이 교수의 명예훼손을 인정해 조선일보 등에 1억 500만 원의 배상 판결을 냈다. 책 대부분은 어린이들이 실명으로 쓴 글이었다.

49_____ 신한국당은 1997년 대선 당시 내부 보고서를 통해 "우호적 입장을 견지하고 있는 조선·중앙 양지를 1백% 활용하는 방안을 적극 모색"해야 한다고 적었다.

50_____ 현역 국회의원 중 유일한 8선인 서청원 의원(전 새누리당 최고위원)은 조선일보 기자 출신이다. 그는 '신문인 방우영'에 실은 글에서 "신

문사를 떠나고 국회의원으로 있으면서도 조선일보를 늘 친정으로 생각했고 틈나는 대로 회장님과 사장님을 찾아뵈었다"고 했다.

51_____ 조선일보는 1998년 10월 대통령자문 정책기획위원장이던 최장집 고려대 교수를 사상 검증한다며 그의 논문 중 일부만 발췌해 김일성을 찬양했다고 보도했다. 이는 '최장집 죽이기' 사태로 이어졌고 최 교수는 위원장직에서 물러났다. 이 사건은 '안티조선운동'의 시발점이 됐다.

52_____ 2000년 남북정상회담 이틀 뒤인 6월 17일, 16명의 기자가 방북 취재에 나섰으나 북한이 "우리를 자극하는 기사를 많이 쓰는 조선일보는 곤란하다"며 조선일보 기자만 입북을 거부했다. 이에 조선일보는 7월 11일 '조선일보는 길들여지지 않는다'는 제목의 대형 사설을 냈다.

53_____ 조선일보는 2001년 4월 14일 사설에서 MBC '100분토론' 사회자 유시민이 "신문 고시에 대해 찬성하는 사람으로써…"라고 말해 편파 진행했다고 주장했으나 유시민은 그런 말을 한 적이 없었고, 서울지법은 조선일보에 정정보도 및 1000만 원 지급 강제조정 결정을 내렸다.

54_____ 노무현이 2001년 2월 "세무조사를 반대하는 언론과 싸울 수 있는 정치인이 필요하다"고 주장하자 조선일보는 "언론이 당장 압살해버리지 않으면 안 되는 악마 같은 존재라는 망상에서나 가능한 발상"이라고 비판한 뒤 한동안 '노무현'을 지면에 등장시키지 않았다.

55_____ 2001년 8월 17일 방상훈이 횡령 및 세금 포탈 혐의로 구속됐다. 그해 11월 초 보석 허가를 받아 석방됐다. 조선일보 주식 6만 5000주를 명의신탁 형태로 아들에게 물려줘 증여세 23억 5000만 원을 포탈하고, 복리후생비를 지출한 것처럼 전표를 허위로 꾸며 법인세 1억 7000만 원을 포탈한 혐의 등이 인정돼 징역 3년 집행유예 4년 벌금 25억 원이 확정됐다.

56_____ 방상훈은 '신문인 방우영'에서 "내가 2001년 정권의 보복적인 세무조사 건으로 구속됐다가 3개월 뒤 풀려나던 날, 삼촌(방우영)은 사무실로 찾아간 나를 안으며 엉엉 우셨다"고 했다.

57_____ 조선일보는 2002년 2월 9일 사설에서 "2001년 언론사 세무사찰은 치밀한 기획과 각본에 의해 자행된 탄압공작이었다"며 "속셈은 현 정권의 대북 정책이나 실정을 꼬집는 비판언론 길들이기"라고 주장했으며, "김대중 정권의 자유언론 탄압을 영원히 잊지 않을 것"이라고 했다.

방상훈 조선일보 사장
(사진출처 : 연합뉴스)

58_____ 조선일보는 2004년 1월 12일 노무현 대통령이 "내가 (검찰을) 죽이려 했다면 두 번은 갈아 마실 수 있었겠지만 그러지 않았다"고 말했다고 보도했다. 1년 뒤 조선일보는 "확인결과 발언 사실이 없는 것으로 밝혀졌다"며 정정 보도했다.

59_____ 2005년 10월 국회의원 유시민은 "선동 보도를 하는 조선일보는 독극물과 같다"며 "정신건강을 위해 우리 당사와 국회 원내대표실 주변에 이들 신문이 돌아다니지 않도록 건의하겠다"고 말했다.

60_____ 회삿돈 횡령 및 세금 포탈 혐의로 대법원에서 유죄를 선고받았던 방상훈은 이명박 정부 첫해였던 2008년 8·15 특별사면을 받았다.

61_____ 조선일보는 2009년 4월 2일 러시아 대통령이 16t이 넘는 자국산 전용차를 런던에 선보였는데 가격은 6000만 달러, 지붕은 12cm 두께의 티타늄 재질로 탱크와 충돌해도 끄떡없고 창문은 로켓포 공격을 견딜 수 있다고 보도했다. 만우절에 낚인 기사였다.

62_____ 조현오 전 경기지방경찰청장은 MBC PD수첩에서 2009년 故 장자연 사건 경찰 수사 당시 "(조선일보 관계자가) 조선일보 방상훈 사장 이름이 거명되지 않게 해달라고 나한테 협박을 했다"고 주장했다.

63_____ 방상훈은 2009년 故 장자연 사건 당시 조선일보 회의실에서

경찰 담당 기자 2명을 배석시킨 채 소위 '황제 조사'를 받았다. 2개월 뒤 장자연 사건을 수사한 경기지방경찰청 광역수사대 경장이 조선일보가 수여하는 청룡봉사상을 받고 1계급 특진했다. 문재인정부는 지난해 청룡봉사상의 인사 가산점을 폐지했다.

64_____ 조선일보는 2009년 5월 23일 노무현 서거 당일 사설에서 "새삼스레 대한민국 역대 대통령들의 비극을 떠올리며 참담한 기분을 느낀다"고 밝힌 뒤 "대한민국의 부패 특히 그 가운데서도 대통령 부패에 관한 근본 대책을 세워야 한다. 그래야만 이 불행한 일이 대한민국 역사를 새롭게 출발시키는 계기로 승화될 수 있을 것이다"라고 주장했다.

65_____ 2011년 12월 1일 종합편성채널 개국 첫날 TV조선은 박근혜 당시 새누리당 비상대책위원장을 초대해 '형광등 100개를 켜놓은 듯한 아우라'라는 표현으로 방송사에 전례 없는 정치인 극찬 방송을 내보냈다. 당시 TV조선 보도본부장 강효상은 2016년 새누리당 국회의원이 되었다.

66_____ 2012년 대한민국에서 가장 비싼 집은 서울 동작구 흑석동에 위치한 방상훈 조선일보 사장의 자택이었다. 당시 공시가격만 129억 원이었다.

67_____ 조선일보는 2012년 4월 20일 '원전강국 코리아' 기획기사에

서 "싼값으로 전기를 공급할 수 있었던 것은 원자력발전 덕분"이며 "우리나라 원전의 안전성은 세계 최고 수준"이라고 보도했다. 원자력문화재단은 이 기사에 보도 협찬금으로 5500만 원을 냈다.

68_____ 조선일보는 2012년 5월 15일 스승의 날 서울시장 박원순이 학생들 앞에서 "학교폭력은 전적으로 선생님 잘못"이라고 말해 "스승의 날 교사들 가슴에 못을 박았다"고 보도했으나 실제 박원순의 발언은 '성인들 잘못'이었고, 조선일보는 정정 보도했다.

69_____ 조선일보는 2012년 7월 19일 1면에서 3년 전 태풍 사진을 하루 전인 7월 18일에 찍은 사진으로 보도했다. 이 사실은 동아일보를 통해 알려졌다.

70_____ TV조선 '장성민의 시사탱크'는 2012년 6월 방송을 시작해 2016년 3월 진행자가 하차할 때까지 방송통신심의위원회로부터 41건의 제재를 받는 '진기록'을 세웠다. 이 방송은 2013년 '5·18 북한군 개입설'을 여과 없이 내보내기도 했다.

71_____ 조선일보는 2012년 9월 1일 1면 머리기사에서 초등생 성폭행범의 얼굴을 단독 보도했으나 사진 속 주인공은 성폭행범과 아무 관련 없는 평범한 시민이었다.

72_____ 조선일보는 2012년 9월 18일 지율 스님의 단식농성 등으로 터널 공사가 2년 8개월만에 재개하면서 6조 원 넘는 손해가 발생한 것으로 보도했으나 공사 중단 기간은 6개월이었고, 직접적인 공사 관련 손실은 145억 원으로 밝혀졌다. 정정보도는 6년 뒤인 2018년 10월 27일 나왔다.

조선일보 (사진출처 : 미디어오늘)

73_____ 조선일보는 2013년 8월 29일 김정은의 연인으로 알려진 현송월이 공개 총살됐다고 보도했으나 현송월은 2018년 평창올림픽 당시 한국을 방문했다. 당시 조선일보 독자권익위원회는 "현송월이 총살됐다고 오보를 냈지만 아직까지 정정 보도하지 않았다"고 지적했다.

74_____ 2013년 9월 조선일보는 채동욱 검찰총장에게 혼외 자식이 있다고 단독 보도했다. 국가정보원 대선 개입 사건 수사를 지휘하던 채 총장은 낙마했다. 조선일보는 당시 보도를 두고 "권력자의 비위를 밝혀내고 잘못을 비판하는 건 언론의 기본 사명"이라고 했다. 조선일보 회장 방일영의 혼외자식은 4남 2녀다.

75_____ 2013년 12월 26일 TV조선은 "하루 승객 15명인 역에 역무원 17명"이란 기사를 내고 강원도 쌍룡역에 불필요하게 많은 인원이 근무하는데 그 배경이 강성노조 때문이라고 보도했으나 실제 투입 인원은 평균 5명이었다. TV조선은 철도노조가 제기한 손해배상소송에서 패소했다.

76_____ 2014년 세월호 참사 당시 홍가혜 씨를 거짓말쟁이, 허언증 환자로 보도했던 디지틀조선일보는 홍씨에 대한 명예훼손이 인정돼 6000만 원의 손해배상 판결을 받았다.

77_____ 주간조선은 2015년 7월 "수원대가 대학구조개혁평가 결과 자격 미달 등급을 받았으며 새누리당 김무성 대표의 딸인 김현경 씨가 교수로 채용돼 논란이 된 바 있다"고 보도했으나 곧바로 해당 기사가 삭제되고 편집장이 교체됐다. 수원대 총장 이인수와 방상훈은 사돈 관계이며, 수원대는 TV조선 출범 당시 50억 원을 출자했다.

78_____ 1991년 김기설 자살방조혐의로 3년형을 받았던 강기훈은 2015년 대법원 무죄판결을 받았다. 과거 강기훈이 김기설의 유서를 대필했다고 보도했던 조선일보는 대법 판결 이후 사설에서 "모든 법관은 자신들의 판단 하나하나가 한 사람의 인생을 결정짓게 된다는 사실을 무겁게 봐야 한다"고 적었다.

79_____ 한현우 조선일보 주말뉴스부장은 2015년 12월 칼럼에서 "네 명이 중국집에 가서 탕수육을 시켰는데 간장을 두 종지 줬다. 두 명 당 하나란다"라며 "다시는 안 갈 생각"이라고 적었다. 식당 주인은 미디어오늘에 "저희가 잘못한 거니까 혼나야죠"라고 말했다. 그러나 해당 중국집은 한 부장 측 '항의' 이후 간장 종지를 1인당 한 개씩 줬다.

80_____ 조선일보는 2016년 구의역 참사 당시 "김 아무개군은 사고를 당하는 순간까지 약 3분간 휴대전화로 통화를 했다"며 '죽음의 외주화'에 주목하던 사회 시선을 '노동자의 부주의'로 돌렸으나, 보도내용은 사실이 아니었고 조선일보는 정정 보도했다.

81_____ 조선일보는 2016년 6월 29일 "세월호 특조위가 미국 447만 원, 영국 267만 원 등 비즈니스 항공권 가격을 요구했다"며 특조위가 참사 원인 규명에는 관심 없고 세금을 이용해 호화 여행이나 떠날 궁리만 하고 있다는 투로 보도했으나 사실이 아니었다. 조선일보는 2015년 11월 7일 "세월호 특조위원장 급여가 한 달 1,461만 원"이라고 보도했으나 역시 오보였다.

82_____ "방상훈 사장이 조선과 TV조선에 기사 쓰지 않도록 얘기해 두겠다고 했습니다." 2016년, 발신자를 확인할 수 없는 이 문자의 수신자는 장충기 삼성 미래전략실 사장이었다. 문제의 '기사'는 삼성 이건희의 성매매 동영상 관련 기사였다. 조선일보는 "방 사장은 이 같은 지시를 한 사실이 없다"고 밝혔다.

조선일보 (사진출처: 미디어오늘)

83_____ 조선일보 주필 김대중은 2016년 10월 25일 칼럼에서 "박 대통령을 감싸면 애국이고, 박 대통령을 비판하면 모두 반국가이고 친야당이란 말인가"라고 되물은 뒤 "글 쓰는 사람들에게 전에는 '친노'가 무서웠는데 요즘은 '친박'이 더 무섭다"고 적었다.

84_____ 방상훈은 2017년 6월 지령 3만호 기념사에서 "일제·전쟁·독재·민주의 시대를 지나면서 권력은 갖은 형태로 언론에 재갈을 물리려 했지만, 우리는 비판 정신을 내려놓지 않았다"고 말했다.

85＿＿＿ 1997년 6월 ABC협회가 발표한 조선일보 유료부수는 203만 3,839부였으며, 20년이 지나 2017년 6월 ABC협회가 발표한 조선일보 유료부수는 125만 4,297부였다.

86＿＿＿ 조선일보는 2018년 7월 21일 '노동자 대변한다면서 아내의 운전기사는 웬일인가요'라는 제목의 칼럼을 내보냈고, 이틀 뒤 칼럼 당사자였던 국회의원 노회찬은 스스로 목숨을 끊었다. 조선일보는 8월 11일 "사실을 오인해 고인과 유족, 독자에 상처 드린 점 사과드린다"고 밝혔다. 운전기사는 없었다.

87＿＿＿ 조선일보가 2018년 주주들에게 지급한 배당금은 105억 원이다. 방상훈(30.03%)을 비롯해 방준오, 방성훈, 방용훈 등 주주 대부분이 방씨 일가다.

88＿＿＿ 73세인 방상훈은 올해(2020년)로 27년째 사장직을 맡고 있으며, 역대 조선일보 방씨 사장(방응모-방일영-방우영) 가운데 가장 긴 재임 기간을 기록할 가능성이 높다. 차기 경영권을 물려받을 가능성이 높은 방준오 조선일보 부사장은 올해 47세로, 2003년 조선일보 기자로 특채 입사했다.

89＿＿＿ 조선일보는 2018년 MBC가 주진우 기자의 방송프로그램 출연료가 회당 600만 원인 것은 과도하다고 비판했으나 정작 TV조선에

서 주 기자에게 회당 800만원의 출연료를 제시했던 것으로 드러났다.

90＿＿＿ 조선일보는 2018년 5월 해리 해리스 당시 美 태평양 사령관이 "주한미군은 중국의 군사팽창을 억제하고 일본의 야욕을 제어하는 역할을 한다"고 말했다고 비중 있게 보도했으나 확인결과 자유한국당 대변인의 발언이었다.

91＿＿＿ 조선일보노동조합은 2018년 10월 1일 노보에서 "편집권 독립을 위한 장치가 아무것도 없는 상태"라며 "조선일보 안에 성역은 있고 언론자유는 없다"고 주장했다.

92＿＿＿ 조선일보는 2018년 12월 11일 "한국전력이 탈(脫)원전 정책에 따른 전력 수급 불안을 막기 위해 중국과 러시아로부터 전기수입을 추진하고 있다"고 보도했으나 실제로는 박근혜정부에서 추진된 사업이었다. 조선일보는 박근혜 정부 시절 이 사업을 호평하는 지면을 냈다.

93＿＿＿ 시사IN이 실시한 2019년 대한민국 신뢰도 조사결과에서 가장 불신하는 언론매체를 순서대로 2곳 답해달라는 질문에 조선일보가 28.5%로 1위를 기록했다.

94＿＿＿ 한국광고자율심의기구의 2019년 상반기 '기사형 광고 심의 결정' 자료에 따르면 편집기준을 위반해 독자를 기만한 기사형 광고 유

포 순위에서 조선일보가 551건으로 1위를 나타냈다.

95_____ 2019년 8월 27일자 TV조선 '보도본부 핫라인'에서는 "조국 Qm3 차량, 자택 아파트 주차장에 주차 중"이란 자막이 뉴스 속보로 올라왔다.

2019년 8월 27일자 TV조선
'보도본부 핫라인'의 한 장면

96_____ ○○○년부터 2017까지 17년간 조선일보가 진행한 신입 공채 20건을 분석한 결과 232명의 신입 기자 중 서울대 출신이 109명으로 47%에 해당했다. 서울대·고려대·연세대 출신은 모두 81%였다.

97_____ 조선일보는 2020년 1월 18일 "우병우 전 민정수석의 처가와 넥슨 사이의 부동산 매매를 주선한 대가로 우 전 수석이 진경준의 검사장 승진 시 넥슨 주식 거래를 문제 삼지 않았다는 취지의 기사는 실제 사실과 다른 것으로 확인됐다"고 정정 보도했다. 보도 이후 3년 6개월 만이었다.

98_____ 언론인 리영희는 과거 조선일보 외신부장 시절을 회상하며 "다른 견습기자들은 잘 가르치면 우수한 저널리스트가 되겠지만 김대중 군만은 어렵겠다고 실망했다"고 말했다. 김대중은 훗날 1980년 광주시민을 폭도로 묘사했으며, 1990년부터 30년째 조선일보 주필을 맡고 있다.

99_____ 방상훈은 2005년 미디어오늘과의 신년 인터뷰에서 "제일 위험한 것은 사주의 이익, 권력의 이익에 의해 지면이 좌지우지되는 것"이라고 말했다.

100____ 5년 전 조선일보에서 해직된 조선자유언론수호투쟁위원회 소속 성한표 기자는 2019년 조선일보의 '반민족 친일행위'를 규탄하는 기자회견 자리에서 "후배들에게 당부하고 싶다. 내부에서 개혁이 일어나지 않으면 결국 전 국민의 분노 앞에 마주할 것"이라며 눈물을 흘렸다.

2019년 8월1일 조선투위가 코리아나호텔 앞에서 기자회견을 연 모습. (사진출처 : 언론노조)

참고: <한국언론사>, 강준만, 인물과사상사. 민주언론시민연합 아카이브 '조선동아 100년 거짓보도 100년' 등